セメスターテキストシリーズ ①

はじめて学ぶ人のための
経営学入門

バージョン2

片岡　信之
齊藤　毅憲
佐々木恒男
高橋　由明
渡辺　　峻
［著］

文眞堂ブックス

■ 著者紹介

片岡　信之
かたおか　しんし

龍谷大学名誉教授＝経済学博士

"経営学から、生きる上での
　　　知恵を吸収しよう！"

齊藤　毅憲
さいとう　たけのり

横浜市立大学名誉教授・客員教授＝商学博士

"楽問元気"（"楽しく学んで
　　　元気になろう！"）

佐々木　恒男
ささき　つねお

青森公立大学名誉教授＝商学博士

"経営学の知識は、
　　　あなたに自信を持たせます！"

高橋　由明
たかはし　よしあき

中央大学名誉教授＝商学博士

"学んだことを話し合える
　　　友人づくりを！"

渡辺　峻
わたなべ　たかし

立命館大学名誉教授＝経営学博士

"あなたの人生を
　　　切り開くための学びを！"

■ 表紙デザイン・イラスト　　大江　繁

Part 1

私たちの生活と企業経営

生きるために学び、学ぶために生きよ！
バージョン2の刊行にあたって

　本書を改訂し、バージョン2（第2版）にすることにした。初版を出版してから、すでに10年が経過し、企業の経営とそれをとりまく環境の変化にあわせて、改訂した。

　世界的にみると、ICT（情報通信技術）のいっそうの進展、すべてのモノがインターネットにつながるIoT（Internet of Things）やAI（人工知能）の発展、中国や中進国における企業の成長、複雑化・不安定化する国際関係のなかでのグローバル化の浸透、「環境問題」の深刻化などが顕在化している。

　他方、国内に目を転ずると、これらに加えて、CSR（企業の社会的責任）やコーポレート・ガバナンスの重視、経営品質の劣化傾向、少子高齢化による労働力不足や市場の縮小、依然として改められない「働き方」や非正規労働の増加、人権無視のハラスメントの横行、農山漁村地域の衰退、などの現象も顕著になっている。

　改訂は、このような変化を意識している。14章からなる本書の主たる構成については、基本的に変更していないが、本文の修正や大幅な見直しを行なっている。また、章末の「やってみよう（Let's challenge）」も現代的なテーマに変えている。

　経営自体は、本来、ごく「身近かなもの」であり、周辺にある組織だけでなく、個人生活に至るまで経営は行なわれているが、多くの読者にとって企業経営をとり扱う経営学は大学に入るまで、ほとんど学ぶことはない。経済、政治、法律、社会などについては、それまでの学校教育のなかで学ぶが、経営については、大学などの高等教育機関の段階になって、はじめて、学ぶことがほとんどである。

　執筆者としては本書の学習を通じて、読者の皆さんには、経営学を「身近かなもの」にしてほしいと期待している。そして、現代の企業経営を理解してほしいと思っている。さらに、それをふまえて、変化の激しい「21世紀を生き抜くための知恵」を是非とも本書から得ていただきたい。

　今回の改訂作業中に、執筆者の一人である高橋由明先生を突然に失った。これまで共に多くの仕事をしてきた仲なので、まことに悲しいかぎりであるが、学生教育に熱心であった故人の深い思いを引きつぎ、残った者でバージョン2の改訂作業を行なった。

　終りになるが、改訂にあたり、ご高配をいただいた文眞堂の前野隆社長、前野眞司専務、編集部の山崎勝徳さんに心からの謝意を表したい。

2018年10月

執筆者一同

はじめに

「あなたは今日の朝ごはんに何を食べましたか？」。こんな質問を受けたら、あなたはなんと答えるであろうか。

和食派の人は「ご飯と味噌汁、それに納豆とカマボコを食べました」と言うかもしれない。また洋食派の人は「バターをつけた食パン、インスタント・コヒーに牛乳をいれたカフェオレ、ハムとタマゴの目玉焼き、それに野菜サラダを少しばかり食べました」と言うかもしれない。多くのひとの日常の珍しくない朝の食卓の風景であろう。

毎朝の食卓に並ぶこのような食品をよくよく観察してみると、皆さんはすぐにあることに気付くであろう。つまり食卓に並ぶ食品の多くは、実は「企業」の作った製品である。たとえば、あなたの家庭では、食卓のバターは明治乳業の製品であったり、インスタント・コーヒーはネスレ社、ハムは丸大ハム社、また醤油はキッコーマン社、味噌はマルコメ社のものであったりするだろう。

このように私たちが毎日のように食べているモノの大半は、企業が商品として製造し販売したものである。もちろん食品だけではない。食卓の向こうにある薄型テレビはシャープの製品、壁にかかった時計はセイコー社、着ている衣服はユニクロ、そして通学のバイクはスズキ社、住んでいる家はセキスイハウス社の製品である、ことも珍しくない。このように考えると、企業は毎日の衣食住の生活に必要なモノ（物的財貨）を製造・販売して、私たちの日々の暮らしを支える存在であることに気付くであろう。

そのような生活に必要なモノを購入するには、なによりもお金（貨幣）が必要であるが、そのお金はあなたのお父さんやお母さんが働いて稼いでいることはよく知っていることだろう。たとえばお父さんは、会社勤めで朝早くから出かけ、営業マンとして飛び回り、夕方に帰宅し、またお母さんは近くのスーパーにパートとして働き、夕方までには買物を済ませて帰宅する、という家庭は珍しくない。

その場合、お父さんもお母さんも自分の働く力（労働力）を会社に提供し、それと引き換えにお金（賃金）を受け取り、そのお金で生活に必要なモノを購入するわけである。このように考えると、企業は働く場（労働力を提供する場）であり、それと引き換えに生活に必要なモノを購入できるお金（賃金）をくれる存在であることに気付くであろう。

会社に出かけたら、お父さんはそこで働き、忙しい時は残業が多くて帰宅も遅くなるが、多くの場合は機嫌よく元気に働いているだろう。性格が明るくて社交的なお父さんの場合には、営業に向いているかもしれない。「お客さんに喜んでもらった時がいちばん楽しい」「お客さんの喜ぶ顔をみると、この仕事をしていてよかった」と、食卓の談笑で時おりもらすお父さんの言葉は、ウソ偽りのない気持ちであろう。このように考えると、企業は働く人に「生きがい・やりがい」を提供してくれる存在でもある。

はじめに

　またお母さんは、パートに出向く折には必ずスマホを持参するが、スマホの登場は生活のあり方を一変させている。たとえば、行き帰りのバスのなかでは友人とのメール交換をしたり、さらに音楽を聴いたり、テレビを見たり、また映画のチケットの予約をしたり、気になる風景を写真に撮ったりしている。

　こんな新しい生活文化を提供したのも、実は企業である。さらに、お母さんは、ある会社の「株」を少しばかりもっているが、スマホを覗きながら、株価の上がる情報を楽しみにしている。そして自分の「株」が値上がりしたら直に売り払い、お小遣いにしている。

　このように考えると、企業はさまざまな顔をもち、私たちの毎日の暮らしに深く係わっている社会的な存在であることが分かる。それゆえに、企業の引き起こすちょっとしたトラブルは、私たちの暮らしに大きな影響をもたらすから、企業を経営（マネジメント）する人には、大きな責任と自覚が求められている。最近引き起こされた一連の企業不祥事は、そのことを私たちに教えてくれた。

　ということは、企業のあり方を正しく認識するとともに、私たちの暮らしを豊かにし社会の未来を明るくする企業のあり方を探究する学問があっても不思議ではない。それが「経営学」と呼ばれるものであり、アメリカやドイツ、フランスで生誕し、すでに100年以上の歴史をもっている。

　このような「経営学」を大学・短大・専門学校で、はじめて学ぶ人のために執筆したものが本書である。本書を読んで、もし皆さんが「経営学はおもしろいかもしれない」「経営学は大事な学問のようだ」「経営学をもっと学びたい」と、少しでも関心を深めて下されば、執筆者としてはこれ以上の喜びはない。

　なお私たちは、数年前に同様の趣旨で『はじめて学ぶ人のための経営学』（文眞堂）を共同執筆したが、同書の内容をセメスター講義（2単位）用に再整理・再編集し、コンパクトにしたのが本書である。また、皆さんの学習のまとめのお手伝いができるように工夫もしている。

　本書の刊行にあたり、お世話になった文眞堂の前野弘さん、前野隆さん、前野眞司さんに感謝を申し上げたい。

2007年晩秋
執筆者一同

目　次

生きるために学び、学ぶために生きよ！　バージョン２の刊行にあたって
はじめに

Part 1　私たちの生活と企業経営

Chapter 1　生活を支えている企業 …………………………3

《本章のねらい》　3

1　豊かな生活と企業　3

　(1)　「生活のサポーター」としての企業　3
　(2)　企業のもつ高い生産性　3
　(3)　創造性がもとめられる企業　4

2　企業の発展がもたらしたもの　4

　(1)　"ビジネス化"のグローバルな展開　4
　(2)　サービス業の発展　5
　(3)　企業によるライフスタイルの革新　5
　(4)　ICTの進展　5

3　企業で働く　6

　(1)　「貢献と報酬」の関係　6
　(2)　多様性に富む仕事　6
　(3)　変わるワーク　6
　(4)　地域社会への貢献とCSR　7

4　企業のもたらすマイナス面の克服　7

　(1)　減退する起業家精神の再生　7
　(2)　人間としての主体性の喪失と社会問題の顕在化への対応　7
　(3)　企業中心主義の是正　8

（4）　グローバル化する環境問題への対処　8
　　　（5）　衰退する農山漁村地域の再生　8
　　▶やってみよう（Let's challenge）　9

Chapter 2　環境の変化と企業経営 ……………………………………… 13

《本章のねらい》　13

1　日本企業の発展過程　13
　　　（1）　経済の復興と新規設備投資による高度成長　13
　　　（2）　輸出による高成長、海外直接投資および不況の長期化　13

2　激変するグローバル環境　15
　　　（1）　冷戦構造の崩壊による新たな状況　15
　　　（2）　単一の国際市場と「国際的大競争時代」の幕あけ　15
　　　（3）　規制緩和と市場原理主義にもとづく経済政策への転換　15
　　　（4）　ICTのインパクト　16
　　　（5）　アメリカ的な生産・生活様式の限界と「持続可能な発展」　16
　　　（6）　工業化社会から成熟社会への移行　17

3　21世紀の企業経営　17
　　　（1）　CSRを前提にした利益の追求　17
　　　（2）　資本蓄積重視型から人間尊重型の経営へ　17
　　　（3）　「男女共生」の多様なプロが活躍する場へ　18
　　　（4）　公害・資源浪費型から環境保全型の経営へ　18
　　　（5）　グローバル企業経営の時代へ　18
　　▶やってみよう（Let's challenge）　19

Chapter 3　現代の企業社会と経営学を学ぶ意義 ………………… 23

《本章のねらい》　23

1　君をとりまく企業社会　23
　　　（1）　不安定な時代の到来　23
　　　（2）　新しい生き方・働き方の登場　23

2 「企業がなんとかしてくれた」時代の終り　24
  (1) 日本型経営の変容　24
  (2) 労働力市場の流動化　24

3 新たなワーキング・スタイルの登場　25
  (1) 「社会化した自己実現人」へのニーズ　25
  (2) 「4Lの充実」の経営　25

4 君に求められる「4つの能力開発」　26
  (1) 自分の生き方・働き方のプラニング能力　26
  (2) 自分のセールスポイントとしての職業能力　26
  (3) 自分の仕事や生活に対する自己経営能力　26
  (4) 自分の労働生活の権利を守る政治的能力　27

5 21世紀を生き抜くための「経営学のすすめ」　27
  (1) 必要とされるみずから選択できる能力　27
  (2) もとめられる最低限の能力の育成　28
  ▶やってみよう（Let's challenge）　29

Part 2　現代の企業経営のしくみ

Chapter 4　企業はだれが所有し、経営しているのか　……35

《本章のねらい》　35

1 現代の巨大企業の主な特徴　35
  (1) 「現代企業の典型」としての巨大株式会社の所有者　35
  (2) 巨大株式会社の特徴　35
  (3) 巨大株式会社における所有権　36

2 巨大株式会社の経営　36
  (1) 会社の意思決定・執行・チェックの仕組み　36

　　　　(2) 機関設計と会社経営の実態との乖離(かいり)　38
　　　　(3) 「社会的公器」という見方とCSRの重視　38

3　コーポレート・ガバナンスの意味――経営者に対するチェック　39
　　　　(1) 株主の立場からの狭義のガバナンス論　39
　　　　(2) 広義のガバナンス論　40
　　▶やってみよう（Let's challenge）　41

Chapter 5　企業はなにをめざして活動しているのか　45

　　《本章のねらい》　45

1　活動目標としての利益の追求　45
　　　　(1) イメージが悪かった「利益」　45
　　　　(2) 企業像と経営者モデルの転換　45

2　企業目標の検討　46
　　　　(1) 「利益」の意味　46
　　　　(2) 利益の測定と評価　47
　　　　(3) 報酬としての利益　47
　　　　(4) ステークホルダーへの奉仕とCSR　47
　　　　(5) 環境変化への創造的な適応　48

3　目標志向性の構造　48
　　　　(1) 目標志向性をもつ企業　48
　　　　(2) 経営理念の意味　48
　　　　(3) 経営理念の解釈と変更　49
　　　　(4) 経営戦略の策定　50
　　　　(5) グローバル時代を生き抜く目標の創造　50
　　▶やってみよう（Let's challenge）　51

Chapter 6　企業が利用できる経営資源には、どのようなものがあるのか　55

《本章のねらい》 55

1 経営資源の意味と分類 55
- (1) 企業というシステムをつくる主要な経営資源　55
- (2) 新たな経営資源の発見——情報、企業文化、関係的資源、時間、技術　56
- (3) 経営資源論の問題領域　57

2 経営資源の特徴 57
- (1) 特徴としての多様性　57
- (2) 時代の変化と経営資源　58
- (3) 経営資源の重点変化　58

3 経営資源の獲得・利用・蓄積・配分と経営戦略 59
- (1) 経営資源の獲得と経営戦略　59
- (2) 経営資源の有効な利用・蓄積と経営戦略　59
- (3) 経営資源の最適配分と経営戦略　59

▶やってみよう（Let's challenge）　61

Chapter 7　企業はどのようにして経営し、組織をつくるのか …65

《本章のねらい》 65

1 経営の意味と内容 65
- (1) 「計画」の意味　65
- (2) 「実施」の意味　65
- (3) 「統制」の意味　65

2 企業組織のしくみ 66
- (1) 企業内における分業　66
- (2) 垂直的な分化　66
- (3) 水平的な分化　66
- (4) 組織の構造　67

3 組織の基本タイプ 67
- (1) ライン（直系）組織　67

　　　　　(2)　ファンクショナル（職能）組織　67
　　　　　(3)　ライン・アンド・スタッフ組織　68

4　大企業の組織　68
　　　　　(1)　職能別組織　68
　　　　　(2)　事業部制組織　69
　　　　　(3)　社内カンパニー制の誕生　69

5　ICT 化とネットワーク型組織への転換　70
　　　▶やってみよう（*Let's challenge*）　71

Chapter 8　情報と意思決定は企業の組織をどのように動かしているのか　75

　　《本章のねらい》　75

1　企業活動と意思決定の意味　75
　　　　　(1)　企業活動と情報　75
　　　　　(2)　意思決定の重要性　75
　　　　　(3)　意思決定のステップ　76

2　意思決定重視の考え方　76
　　　　　(1)　伝統派の考え方　76
　　　　　(2)　近代派の考え方　76

3　意思決定のタイプ　77
　　　　　(1)　プログラム化の意味　77
　　　　　(2)　意思決定のプログラム化の可能性　77

4　経営のシステムと情報システム　78
　　　　　(1)　3つの経営システム　78
　　　　　(2)　情報システムの枠組み　79

5　発展するインターネット・ビジネスのインパクト　80
　　　　　(1)　インターネット・コミュニケーションの展開　80

(2)　インターネット・ビジネスの飛躍的な発展　80
　▶やってみよう（Let's challenge）　81

Chapter 9　企業はどのように競争しあい、そして互いに協力しあっているのか……85

《本章のねらい》　85

1　企業のとる競争戦略のタイプ　85
　　(1)　競争のための基本戦略　85
　　(2)　企業力による格づけ　86
　　(3)　企業の「戦略定石」　86

2　協調のための戦略の必要性　87
　　(1)　ライバルを大事にしよう！　87
　　(2)　外部資源の戦略的利用　88

3　グローバル時代の時間をめぐる競争　89
　　(1)　タイムベースの競争　89
　　(2)　先発の優位性　89
　　(3)　早さの効果　90
　▶やってみよう（Let's challenge）　91

Part 3　現代企業を動かす経営資源

Chapter 10　企業はどのようにして製品やサービスを販売するのか…97

《本章のねらい》　97

1　消費者との直接的な接点　97
　　(1)　販売活動（セールス）の意味　97

(2) 消費者との関係　97
　　　(3) 流通業者の介在と変化　98
　　　(4) 消費財メーカーの広告活動　98

2　マーケティングという考え方　98
　　　(1) 消費者重視の販売活動　98
　　　(2) マーケティングの考え方　99

3　マーケティングの4つの要素　99
　　　(1) 商品計画　99
　　　(2) 価格設定　100
　　　(3) 販売の経路　101
　　　(4) 販売促進　101

4　戦略性とCSRがもとめられる現代のマーケティング　101
　　　(1) 4Pとマーケティング・ミックス　101
　　　(2) 経営戦略との結びつき　102
　　　(3) CSRの大切さ　102
　　▶やってみよう（Let's challenge）　103

Chapter 11　企業はどのようにして製品やサービスを開発し、生産しているのか　107

　《本章のねらい》　107

1　生産と研究開発の意味　107
　　　(1) 生産性向上への努力　107
　　　(2) 製品を生みだすシーズとニーズ　107
　　　(3) 「研究開発」の生産からの自立　108
　　　(4) 「サービス開発」への移行　108

2　研究開発の管理　108
　　　(1) 研究と開発の相違　108
　　　(2) 大企業の研究所　109
　　　(3) 研究開発と研究スタッフの増加　109

(4) 「研究開発型ベンチャー企業」の育成　109
(5) 知的所有権をめぐる国際競争　109

3　生産システムの現状と展望　110

(1) 生産職能の位置と「環境問題」への対応　110
(2) 生産の主な形態　110
(3) 多様に変化する消費者ニーズに対応する生産システムづくり　111
(4) 生産性の向上とAI　111
(5) 作業環境の改善　112
(6) 工場以外で行なわれる「生産」の多様性　112
(7) 生産をめぐる企業間取引　112

▶やってみよう（Let's challenge）　113

Chapter 12　企業はどのようにして資本を調達し、資金を運用するのか　117

《本章のねらい》　117

1　財務管理の内容　117

(1) 資本調達、資金運用、投資計算　117
(2) 貸借対照表と損益計算書　117

2　資金ぐりと資本調達　119

(1) 資本調達の方法　119
(2) 資本調達の種類　120
(3) 短期資本の借り入れ　120
(4) 長期資本の調達方法　120

3　資金の運用　121

(1) 正味運転資金と流動資産の管理　121
(2) 流動資産の管理　121
(3) 機械・設備投資の管理　121

4　経営活動の測定と評価の基準　122

(1) 収益性をあらわす比率　122

(2)　安全性の比率　122
　　(3)　成長性と CSR の視点　122
▶やってみよう（Let's challenge）　123

Chapter 13　企業はどのようにして人材を活用するのか　……127

《本章のねらい》　127

1　人はなにをもとめて働くのか：人的資源の検討　127
　　(1)　働くさいの動機と欲求　127
　　(2)　多様な動機・欲求の対応　127

2　人材活用の3つの考え方：「働く人間」についてのモデル　128
　　(1)　経済人モデル　128
　　(2)　社会人モデル　128
　　(3)　自己実現人モデル　128

3　金銭的報酬が得られるならば、一生懸命に働くか　129
　　(1)　もっとも基本的な経済的欲求　129
　　(2)　経済的な刺激による動機づけ　129

4　良い人間関係なら、一生懸命に働くか　129
　　(1)　感情に支配される行動　129
　　(2)　良い職場環境のつくり方　130

5　仕事に生きがいがあれば、一生懸命に働くか　130
　　(1)　「楽しくておもしろい仕事」の意味　130
　　(2)　仕事のなかの自己実現欲求の充足　130

6　目標設定による自己管理　131
　　(1)　モラールに不可欠な「欲求と目標」　131
　　(2)　プログラム化できない業務と目標管理　131

7　21世紀の人間モデルと生き方・働き方　132
　　(1)　4L重視の人材活用　132

　　　　（2）　個人を生かすキャリア・ディベロップメント・プログラム　132
　　　▶やってみよう（*Let's challenge*）✎　133

Chapter 14　企業はどのようにして文化をはぐくむのか ……137

《本章のねらい》　137

1　「重要な経営資源」としての企業文化の意味　137
　　　（1）　類似用語の存在　137
　　　（2）　企業文化の定義　137
　　　（3）　企業文化の機能　138

2　企業文化の形成と変更　138
　　　（1）　企業文化をつくる要因　138
　　　（2）　企業文化のやっかいな問題点　139
　　　（3）　企業文化の変更　140

3　力強い企業文化をつくるために！　141
　　　（1）　職能部門の文化　141
　　　（2）　職能部門内部の文化　142
　　　（3）　多角化企業やグローバル企業の文化　142
　　　（4）　経営者による文化「統合」の重要性　142
　　　▶やってみよう（*Let's challenge*）✎　143

◆　グロッサリー（用語解説）　147
◆　さらに深く学ぶために　157
◆　索引　158

Chapter 1
生活を支えている企業

《本章のねらい》 経営学が主に研究の対象とするのは、企業（ビジネス）とその経営（「マネジメント」や「経営管理」ともいう）である。本章では、企業の経営がどのような役割を果たしているのかを考えてみたい。

本章を学習すると、以下のことが理解できるようになる。企業（ビジネス）が私たちの生活を支えていること、②企業とその活動が発展したことの意味、③企業で働くことの意味と仕事の変化、④ビジネス化が進んだことによって発生した問題点

1　豊かな生活と企業

(1) 「生活のサポーター」としての企業

企業は**消費者**としての私たちの日々の**生活**（ライフ）を支え、豊かで便利にすることに役立っており、「生活のサポーター」として私たちの暮らしを良くしている。

企業は、20世紀以降になってとくに工業先進国で発展してきた。企業がつくりだす製品やサービスの購入と消費によって、私たちは豊かで便利な日常生活を送っている。**衣、食、住**に、**生活インフラ**（電気、交通、ジャーナリズム（報道機関）、病院、SNS（ソーシャル・ネットワーク・サービス）などの暮しの基盤）や**余暇**を加えた生活のかなりの分野が、企業の活動によって支えられている。

長い人類史のなかで、衣、食、住などの生活の主な分野は、「自給自足」で行なってきたが、今日では、企業に大きく依存するようになっている。

(2) 企業のもつ高い生産性

人類は、その長い歴史のなかで、自給自足を利用してきた。しかも、そのさい、不足するものについては、「物々交換」や貨幣による商品の購入などによって充足させ、生活を支えてきた。

さて、20世紀以降になると、企業が発展し、良質で安価な製品とサービスを**市場**に提供してきた。要するに、企業は私たち生活者が消費する製品とサービスをきわめて能率的に生産するための役割や責任をもっている（図表1-1）。

企業は、製品やサービスをつくりだすために必要となる**経営資源**（第6章を見よ）

図表1-1 企業というシステム

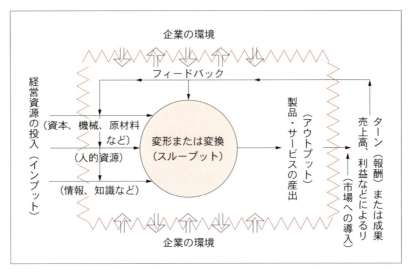

出所：齊藤毅憲編『経営学を楽しく学ぶ』中央経済社、33頁。

を合理的に組みあわせたり、結合することによって、それ以前とは比較にならないほどのきわめて高い生産性を発揮してきた。

(3) 創造性がもとめられる企業

企業は生活者がもとめるきわめて多くの製品とサービスを生産（メイク）するだけでなく、開発（クリエイト）することに成功してきた。企業は他の企業と競争しているので、新たな製品やサービスを研究し、開発する努力を続けている。つまり、現代の企業にとっては、**メイク**と**クリエイト**の両者が大切なのである。

このようにして、企業は、同じようなものを大量に製造して、多くの**生活者のニーズ（欲求）**を満たしつつ、他方で生活者の多様に変化するニーズにも対応できるように、製品やサービスを開発してきた。そして、このニーズに対応しうる製品やサービスを提供し、**消費者**が実際にそれらを購入するようになると、企業には**リターン（報酬）**として、売上高や利益などがもたらされる（図表1-1参照）。逆にいえば、ニーズに対応できないと、企業は報酬を得ることができず、存続もむずかしくなる。そうなると、その企業の株主になったり、出資者になろうという人も減少する。

2 企業の発展がもたらしたもの

(1) "ビジネス化"のグローバルな展開

企業とその活動となる**事業**は、**ビジネス**ともいわれる。したがって、"ビジネス

化"とは、企業が発展し、社会のなかでその果たしている位置と役割が大きくなっていくことである。現代の社会は、まさにこのビジネス化の時代なのである。そして、現在では工業先進国だけでなく、発展途上国にもグローバルにビジネス化が進展し、物質的には豊かな社会がつくられてきている。

工業先進国の大企業は、グローバルに活動を展開し、発展途上国に進出し、「多国籍企業」になっている。他方、発展途上国でも豊かな社会を目ざして、企業をつくり、ビジネス化を進めている。

(2) サービス業の発展

企業は生活者の多様に変化するニーズに対応できるようにしている。その結果として、工業先進国では、各家庭には製品があふれ、"モノ"は充足しており、生活者は確かに物質的には豊かになった。

このようななかで、製品所有のニーズが低くなる、"モノ離れ"の現象も生じており、質の高いサービス、つまり無形の**経験価値**（コト体験）を求めようとするニーズが生活者の間で顕著になっている。そして、このようなニーズをビジネスの「種子（シーズ）」と考える**サービス業**が発展してきた。具体的には、企業やNPO（非営利組織）の経営を支援する各種のサービス業だけでなく、娯楽、旅行、健康・医療・介護、教育や子育て、家事代行などの生活者支援型のサービス業が台頭している。

(3) 企業によるライフスタイルの革新

以上のような活動を通して、企業は生活者の**ライフスタイル**（生活の様式）に影響を与え、それを変えてきた。別の言葉でいうと、企業は、そのつくりだす製品やサービスが生活者に購入されることで、ファッションをつくることもできる。

ファッションとは、流行している生活の様式のことである。そして、流行が習慣化してくると、一定のライフスタイルができあがる。そして、別の製品が流行し、新たなファッションができ それによって既存のライフスタイルが消失し、新しいものに変っていく。このように、企業は生活者のライフスタイルの**イノベーション**を行なっている。要するに、企業は**新たな生活提案**を行なう存在になっている。

(4) ICTの進展

ICT（情報通信技術）の発展は、その典型的な事例となる。ケータイの急速な普及は、公衆電話や固定電話の利用を大幅に減少させるとともに、自由な通話を可能にしてきた。そして、スマホ、インターネット、SNSなどの進展は、生活者のライフスタイルだけでなく、企業経営や社会のあり方をも大きく変えている。

3 企業で働く

(1) 「貢献と報酬」の関係

　企業とのつながりを私たち生活者が意識するのは、これまでに述べてきたように、**消費者**として企業がつくる製品やサービスを購入・消費するときである。しかし、生活者のもうひとつの顔は、「企業で働くこと」である。

　働く人間、つまり**ビジネス・パーソン**が雇う側であれ、雇われる側であれ、また、働く場がオフィス、工場、店舗などの企業の内部であれ、あるいは顧客との接触など、外へ出向く場合であれ、労働力を提供している。企業で働き、労働力を提供して、企業に**貢献**を行なっている。そして、企業は、貢献に見合う**報酬**を支払う。要するに、企業は仕事自体だけでなく、働く人びとを仕事に**動機づける**（貢献を引きだす）ために、それに相当する報酬を支払う必要がある。

　報酬のなかで、とくに経済的なもの（**賃金、俸給、ボーナス**など）は、企業がつくりだす製品やサービスを購入するための原資になり、豊かな生活を生みだす基盤になる。そこで、企業では、貢献（労働）と報酬の交換が行なわれている。

(2) 多様性に富む仕事

　企業のなかで行なわれる仕事は、多様である。たとえば、製品やサービスの開発という仕事をとり扱う部門（「**職能部門**」）は、研究開発部門である。それは、生産部門（工場）やセールスを担当している販売部門の仕事とは明らかにちがっている。

　しかし、同じ職能部門のなかでも、各種の仕事は細分化されて遂行されている。研究開発部門といっても基礎研究を行なう仕事もあり、他方で具体的な製品にむけて開発したり、設計する仕事もある。また、それらの仕事の遂行を支援・助言する仕事もある。これと同じように、生産部門も各種の仕事からなっている。ある製品が多数の部品といくつかの製造工程からなっているとすれば、それぞれにちがった仕事が行なわれている。

　企業は、これ以外にも財務、人事、情報システムなどの職能部門を設置して仕事を行なっている。しかも、それらの内部では、さらに各種の仕事が行なわれている。このように、企業はいろいろな仕事が組みあわさってつくられている。

(3) 変わるワーク

　技術やICT、グローバル化の進展は、企業で行なわれる"ワーク"、つまり仕事に対しても大きな影響を及ぼしている。かつてオフィスの現場で利用されていた毛筆、そろばん、電卓やワードプロセッサーは、ICTの発展によって姿を消し、オフィスで

働く人たちの仕事は大きく変化した。同じことは、生産の現場やその他の場でも発生している。そして、AI（artificial intellegence、人工知能）は、省力化に役立つとともに人間の労働に代わりうるものになっている。また、海外進出や外国人の雇用によって、文化や言語を異にする外国人と一緒に仕事する機会も急激にふえている。

要するに、変化が激しいために、これまで行なってきた仕事が変ってしまい、この変った仕事を遂行できなくなるおそれも生じている。したがって、働く人びとはそのような不幸な事態に陥らないように、**自己啓発**などに努めなければならない。

（4） 地域社会への貢献と CSR

わたしたちは、**地域社会（コミュニティ）**のなかで生活している。したがって、地域社会は生活者の生活の拠点でもある。そこで、企業がある地域に進出し、製品を製造するとすれば、地域の環境にマッチした工場にし、地域住民に迷惑をかけないようにしなければならない。また、地域住民を雇用し、地域社会に貢献することが期待されている。さらに、地域社会で発生している問題の解決にも「**社会起業家**」などと協力して貢献する必要がある。これは、**CSR（企業の社会的責任**、Corporate Social Responsibility）である。

4　企業のもたらすマイナス面の克服

現在では企業なくして日々の生活を送ることはできない。しかし、企業の活動はすべてが「善」ではなく、活動のなかで**マイナスの作用（逆機能）**を発生させている。

（1） 減退する起業家精神の再生

日本では企業が発展してきたために、多くの人びとにとっては学校教育を終えると、「企業に雇われて働く」という慣行が一般化してきた。その結果、企業に雇われて働くのが、ごく普通になっている。しかし、企業経営の継続が困難な時代が到来し、このような企業に依存した働き方に反省が生じている。そして、ビジネス・チャンスを生かして、会社をつくる起業人材（ベンチャー人材）が必要である。

（2） 人間としての主体性の喪失と社会問題の顕在化への対応

企業の提供する製品やサービスの質量が向上してくると、生活者は便益をうけるものの、他方で人間として本来もっていた能力を喪失したり、みずからの主体性や責任といったものを感じなくしている。生活者がかつて自力で行なっていたり、周辺の人びとと協力して行なっていたことを企業にゆだねてしまっている。

また、生活者は企業によって豊かさを感じるようになったが、反面で非正規労働の増加などにより社会的弱者が生じたり、企業や行政で解決しがたい問題も顕在化して

いる。これに対応するために、NPOとか、「ソーシャル・ベンチャー」や「社会起業家」が多く台頭することが期待されている。

（3） 企業中心主義の是正

企業は生産的かつ創造的であるだけでなく、競争しながら活動しているために、「生き残る」ことが重要となる。そこで、売上高をあげ、利益を得ることだけが重視されかねない。しかしながら、それが徹底しすぎると、企業中心的な考え方が強くなり、品質が低下したり、働く人びととの労働条件が悪化することになる。

また、1990年代以降、「生き残る」ことが重視された結果、労働力を企業から追いだす「**雇用リストラ**」が推進されるとともに、非正規労働が増加してきた。これにより、企業による「格差社会化」が進んだ。したがって、企業中心主義の是正が必要である。

さらに、人権を無視するような各種の「**ハラスメント（パワハラ、セクハラなど）**」行為も、上下関係を重視する企業中心主義の結果でもあり、是正すべきである。

（4） グローバル化する環境問題への対処

企業のつくりだしたものによって、日常生活の快適さを得ているが、それとひきかえに、**環境問題**を発生させている。

環境問題は、工業先進国のみならず、全地球的なものになっている。世界的な規模での「環境悪化」（空気、水、土壌の汚染や悪化、温暖化、異常気象など）が進行し、人類の生存をおびやかしている。環境問題を考えると、CSRは一国、一地域のものではなく、グローバルなものになっている。

（5） 衰退する農山漁村地域の再生

企業は、都市地域で発展し、そこで働く人びとは農山漁村地域から吸収されてきた。その結果、都市地域の人口は過密となり、これに対して農山漁村地域は過疎となり、衰退してきた。くわえて、東日本大震災をはじめとする自然災害が頻発し、衰退に追いうちをかけてきた。

長い歴史のなかで農山漁村地域は独特の文化をはぐくむだけでなく、日本人の食生活などを支えてきた。そこで農山漁村地域の文化や食生活関連の産業・企業などの衰退は日本の持続的な発展を制約する。そこで、経営学も農山漁村地域の再生や発展を考えていかなければならない。

NOTE

⟨Chapter 1⟩ やってみよう（*Let's challenge*）

(1) 本章の講義を聴いてあなたが学習したことを記してみよう。

(2) 以上の内容を5行以内で要約してみよう。

(3) 前記の要約のなかで重要なキーワードは何ですか？ 列挙してみよう。

⟨Chapter 1⟩　　　　　　　　　やってみよう（Let's challenge）

(4) 理解できましたか？　つぎの言葉の意味を記してください。

① 企業によるライフスタイルの革新

② 「生活のサポーター」としての企業

③ 創造性がもとめられる企業

(5) 考えてみよう。あなたが考える企業のマイナスの作用とはどのようなものですか。とくにあなたが気になっているものを明らかにしてみよう。

(6) つぎの資料から、日本企業の経営のあり方を、どのように考えていけばよいのか、記してみよう。

日本企業の経営に対する心配

　「日本型経営」とか、「日本的経営」をどのようにつくり直していけばよいのであろうか。バブル経済崩壊後、日本の企業は働く人びとを大切にする経営を断念してきた。そして、労働時間管理は思ったほど進まないだけでなく、「雇用リストラ」や「非正規労働の増加」をすすめてきた。そこで、「働き方や生活・生き方の検討」は急務である。

　他方、世界の中進国の追いあげもきびしくなっている。そのようななかにあって日本の企業は株価も上昇し内部留保資金を増しているものの、「イノベーション」をもたらす挑戦的な研究開発投資への意欲は低く、利益率も高いとはいえない。

　日本の企業は今後どのような経営を具体化し、展開していけばよいのであろうか。

〈Chapter 1〉　　　　　　　やってみよう（Let's challenge）

(7) （　　　　　　　　　　　　　　　　　　　　　　　）について調べてみよう。

Chapter 2

環境の変化と企業経営

《本章のねらい》 企業はたえず変化する環境のなかで経営活動を行なっており、環境に適応できないと、存続することができない。環境といっても、企業に直接関係するものから大きな時代的な変化、さらには地球環境といったものまで、さまざまである。

本章では、マクロ的な観点つまり大きな時代的な変化から、みていくことにしよう。本章を学習すると、以下のことが理解できるようになる。①日本企業が置かれた国内経済環境の変化の足どりと現状、②現在起こっている国際的環境変化の方向性、③企業と経営の今後の方向性

1　日本企業の発展過程

(1)　経済の復興と新規設備投資による高度成長

第二次世界大戦終了（1945（昭和20）年）後、主要な財閥企業は解体され、株式が分散されることになった。これによって大企業では**「所有と経営の分離」**とともに**専門経営者**（プロフェッショナル・マネジャー）が登場した。

1950（昭和25）年からの朝鮮戦争によって、日本の経済と企業は息を吹き返した。そして、第一次高度経済成長期（1963年頃まで）に突入する。神武景気、岩戸景気、オリンピック景気とあいついだ好況は、戦後の復興や発展のために行なわれた民間設備投資によるもので、内需中心の経済成長であった。**「投資が投資を呼ぶ」**といわれ、アメリカの経営学と科学技術が導入され、技術革新が活発化した時期でもあった。

この時期には、国をあげて欧米に追いつき（キャッチ・アップ政策）、輸出競争力をつけることが目標とされ、徹底した「国内企業育成政策」がとられた。そして、政府と経済界との密接な協調関係が形成された。

(2)　輸出による高成長、海外直接投資および不況の長期化

1964（昭和39）年から翌年まで（東京オリンピック後）の短い「証券不況」をはさんで、その後の約8年間は、第二次高度経済成長期と呼ばれ、輸出による成長が行なわれた。日本企業は、第一次高度経済成長期に行なった設備投資と安い人件費を武器に、**「輸出による成長」**へと方向を転換した。

しかし、1973（昭和48）年秋に端を発する2度の「**石油（オイル）ショック**」は、約10年間にわたる長期の低成長期をもたらしている。日本企業は、コスト削減のための合理化、エネルギー効率の向上に猛烈な努力をした。これは、のちに海外への大量輸出をもたらす強い競争力を生みだすとともに、外国からは内需中心型の政策への転換を強くもとめられることとなった。国内の過剰外貨（ドル）を、企業が**海外直接投資**にふり向けるのも、この頃からである。

ところが、1985（昭和60）年のプラザ合意後に生じた**急速な円高**によって、製造業の国際競争力は大きく低下し、輸出減少と不況が続いた（円高不況）。そのさいの不況対策のなかから生まれた平成景気（80年代後半―90年代初頭）が、いわゆる「**バブル経済**」である。

この時期に株式や土地などへの投機活動にのめり込んでいった日本企業は、やがて訪れたバブル崩壊後の長期的な不況のなかで、破綻や不振の憂き目をみることになる（「失われた10年」）。そして、立ち直るまでに15年あまりを要した。

しかしその後もアメリカ発のリーマンショック（2008）にはじまる世界金融危機、ギリシャ債務危機（2009〜）やそれに続く欧州政府債務危機、東日本大震災（2011）など大きな事件が相次ぎ、成長軌道には乗り切れず、今日に至っている。

さらに、現在ではアメリカのトランプ政権（2017〜）によるアメリカ第一主義・保護主義政策への転換、英国のEU離脱決定（2016〜）、EU内での反EU勢力の台頭、自

図表2-1　日本企業と環境条件の変化

従来の環境条件	現在の環境条件
・欧米企業へのキャッチアップ	・欧米企業と互角な地位に到達
・物質的豊かさをもとめる共通的目標	・豊かな社会の到来、成熟社会、価値の多元化
・豊富な若年者の存在、都会への労働力移動	・少子高齢化、慢性的な若年労働力不足、過疎問題、都市問題
・大量生産・大量販売・大量消費・大量廃棄	・多品種少量生産、フレキシブル生産、市場細分化、資源回収・再利用
・資源浪費、廃棄物放棄、工場周辺の公害問題、地球環境問題は意識されず	・廃棄物処理問題、地球環境問題、地球資源問題が深刻化
・終身雇用・年功賃金・年功昇進・企業別組合、長時間労働、会社忠誠心	・終身雇用・年功制などの崩壊、労働時間の短縮、雇用の流動化、忠誠心低下
・補助労働者としての女性	・女性の本格的社会進出、男女共同参画社会化
・国内中心のビジネス活動、外国人を雇用しない	・国内外で活動し、外国人を雇用する
・企業一家主義社会　会社第一主義、資本蓄積偏重	・人間尊重、ワーク・ライフ・バランス
・重化学工業中心の工業化社会	・コンピュータ・情報・知識中心の情報資本主義化

NOTE

由貿易主義の危機、国際的な貧富差の拡大と政情不安定、深刻な移民問題、ナショナリズムの世界的な拡がり、中国・ロシアなどの領土・領海拡大への野心、アメリカの国際的影響力の低下など、世界的に時代の大きな転換点を思わせる乱気流のなかにある。

グローバル化したこうした情勢は未来予測が困難であるが避けて通ることはできないものであり、日本の企業は嵐のなかでの航行に立ち向かっている。

2 激変するグローバル環境

(1) 冷戦構造の崩壊による新たな状況

第二次世界大戦後に形成された社会主義圏は、東欧諸国、さらにはソ連の崩壊によって、90年代初頭に解体した。そして、東西両陣営の冷戦という緊張が終わり、それまでは表面化しなかった民族間紛争・地域紛争や資本主義諸国間の利害対立などの諸問題が、新たに浮上した。

また、資本主義各国の労働運動や反体制運動の弱体化、「**市場原理主義**」の重視が進んでいった。他方、20世紀後半に社会主義国のバックアップを得ながら独立していったアジア、アフリカ、ラテンアメリカなどの地域では、植民地支配こそ終わりを告げたものの、独立後の内戦や貧困の問題が、依然として未解決のままである。

(2) 単一の国際市場と「国際的大競争時代」の幕あけ

かつて東西2大経済圏に分かれていた世界経済は、いまやひとつのより大きな市場経済圏となった。そして、北アメリカ、西ヨーロッパ、日本だけでなく、アジア諸国、中南米、東ヨーロッパの旧社会主義圏、さらには開放経済化した社会主義国（中国、ベトナムなど）などの一部新興諸国をもまき込んだ地球規模での市場競争化、製造・流通ネットワークの世界規模化と競争激化が進んでいる。それは、「**国際的大競争（メガ・コンペティション）時代**」の到来といわれている。

国際的大競争時代には、国内レベルの競争はもとより、それをこえたレベルでの企業間や国家間・地域間のサバイバル競争も重要になっている。

(3) 規制緩和と市場原理主義にもとづく経済政策への転換

20世紀後半の資本主義経済は、「公的介入・規制」「大きな政府」を通じて失業や不況に対応し、また、所得再分配による著しい不平等の克服などで「福祉国家」への方向を歩んでいた。しかし、それは財政赤字、インフレなどの問題を生んだ。

そこで80年代から、経済政策の方向性は、「**規制緩和**」「**小さな政府**」、「**市場原理主義**」といったもので展開されてきた。このアメリカ流の経済政策が、世界中の経済政策に強く影響を与えてきた。

日本でも、国家財政の危機や経済成長の低迷とからんで、従来の規制型政治経済システムが「**制度疲労**」であるとして、改革の対象となった。規制緩和、公企業の民営化、民間活力や競争原理の導入、国際化やICT革命への対応、従来の日本的経営からの転換などへと、状況は急変してきた。

　この動きは、2008年秋のリーマンショック以後、行きすぎが反省され、ゆりもどし状況も見られたが、基本的には現在も維持されている。

(4) ICTのインパクト

　1980年代以降の世界は、コンピュータ、電子メール、パソコン通信、インターネット、マルチメディアなど、ICTの急速な普及と利用方法の画期的な進展によって、大きな変貌をとげてきた。この情報化のインパクトが、経済や社会全体に変革のうねりをもたらし、「**コンピュータ資本主義**」（情報資本主義）といわれるほどになっている。コンピュータは、生産や流通の現場だけでなく、組織、社会、経済の全体を大きく変えている。

　たとえばオフィスの現場では、コンピュータ、コピー機、ワープロ、ファクシミリなどによる**オフィス・オートメーション**（OA）、事務の電子処理、電子ファイル、ペーパレス・オフィス化などが行なわれるようになった。**経営情報システム**（MIS）、**意思決定支援システム**（DSS）、**戦略的情報システム**（SIS）、インターネットなど、かつてのオフィスとは一変している（第8章の5.を参照）。

　電子メール、電子会議システムなどの発展によってテレワーク（在宅勤務・遠隔勤務）が進み、企業間関係も「**アウトソーシング**」（外部資源への依存）「**バーチャル・コーポレーション**」（仮想的企業体）づくりが行いやすくなっている（第7章の5.も参照）。

　このような変化は、企業の組織をも根本的に変え、ネットワーク型や階層数の少ない**水平型組織**へ転換しつつある。

(5) アメリカ的な生産・生活様式の限界と「持続可能な発展」

　工業化と発明・技術革新（製品と生産工程の革新）が進み、「大量生産→大量販売→大量消費→大量廃棄」というアメリカ的な生産・生活様式が、工業先進国を中心にして世界中に普及した。それは、たしかにかつてないほどの生産性と物質的な豊かさを生活者に与えてくれた（第1章の1.も参照）。

　しかし、それは、有限な地球資源の浪費、大量廃棄物処理、環境破壊などの深刻な問題を生み、もはやこれまでどおりの生産や生活の様式を続けていくことが不可能になりつつある（第1章の4.も参照）。そこで、地球と将来の人類が永続していけるような「**持続可能な発展**」（環境保全型の経済発展）が不可欠となってきた。

NOTE

(6) 工業化社会から成熟社会への移行

工業先進国を中心に豊かな**成熟社会**が生み出されてきた。しかし、これまでにない新たな課題が浮上している。日本では、働く人びとにかかわる少子・高齢化、高学歴化、価値の多元化、組織忠誠心の希薄化、女性の企業進出、働きがいへの関心の高まりなどが生じている。働く人びとの意識も変わり、労働組合運動は組織率が低下し、また協調主義的なものになってきた。

経済成長率の低下という制約のなかで、以上のような高度化・多様化した人びとの欲求を満たすだけでなく、競争社会が生んだ深刻な格差問題への取り組み、少子高齢化と労働力問題、福祉の充実、都市と地方の過密・過疎問題、地球環境問題、資源問題、情報化・ソフト化・サービス化などといった産業構造の変化への対応、国際競争力の維持などの諸課題が突きつけられている。

3 21世紀の企業経営

(1) CSRを前提にした利益の追求

現代の巨大な株式会社は、特定の大資本家のものではなくなり、「社会的存在」となっている。企業は、社会の一員（企業市民）として、自社の発展のみならず、社会を支える活動を行なうことがもとめられている。これはまさにCSRそのものである。

企業は活動を行なうなかで、とりまく**「利害関係集団」**（**ステークホルダー**という。従業員とその家族、労働組合、消費者、関係会社、取引先企業、債権者、債務者、競争会社、地域社会、政府や地方自治体、一般市民、報道機関など）との間で、公正な調和的関係を保つ必要がある。

(2) 資本蓄積重視型から人間尊重型の経営へ

工業先進国のなかで、とくに日本では、資本蓄積による企業成長が明治維新以後一貫して最重要視されてきた。先進欧米諸国に追いつき、追いこすことを目標としてきたので、これはやむをえなかった。しかし、先進資本主義国としてトップランナーになったいま、資本蓄積重視の経営からの脱却が真剣にもとめられている。

この点で企業にもとめられるのは、生活者の労働生活や消費生活の「質」（クオリティ）を大切にする経営へ転換することである。充実した労働生活とは、まず**労働の人間化**、快適な工場、**自己実現欲求**を満たす労働機会の提供を意味する。それらを提供することだけでなく、充実した家庭生活や社会生活、個性的なライフスタイル、男女共同参画社会の創造、内なる国際化、福祉の充実、生涯学習社会づくりなどといった社会の発展にも貢献する企業経営がもとめられている。

(3) 「男女共生」の多様なプロが活躍する場へ

これまでの企業は、男性を中心とした場であった。女性の活躍は限られ、「男性社会」であった。しかし、男女同権、女性の高学歴化や企業進出が一般化するとともに、産業構造のサービス化・ソフト化が進み、市場調査、デザイン、生活者の視点などが重要となり、ことに消費の多く行なっている女性の感性が企業経営に必要になっている。

現代の企業は多様な専門家（プロ、プロフェッショナル）が集まる場」である。この場においては男女の性差や職位は関係なく、仕事が行なわれ、それぞれはほぼ対等の関係で、そのもっている能力や経験を生かしていくことになる。そして、**ハラスメント**（パワハラやセクハラ）を行なってはいけない。

(4) 公害・資源浪費型から環境保全型の経営へ

環境問題については、「公害防止の時期」（1960年代）→「資源節約の時期」（70年代）→「地球環境に配慮する時期」（90年代以降）と、時代とともに焦点が変化してきた。そして、21世紀では、個々の企業にかかわる直接的公害問題にとどまらず、地球規模での環境保全に関する国際的合意にまで視野を拡げて、緊急に対策をとらねばならなくなった。要するに、21世紀は、「**環境の世紀**」なのである。

オゾン層の破壊、酸性雨、温暖化、熱帯林の減少、野生生物種の減少、海洋汚染、有害廃棄物などは、すでに国際的な条約や議定書で規制がとりあげられてきている。

(5) グローバル企業経営の時代へ

企業はますます多国籍化し、研究開発・生産・販売などの拠点をそれぞれ世界の最適地に配置し、また情報ネットワークによる統合的管理を展開してきた。さらに、情報ネットワークによって合弁事業、技術協力、OEM（**生産の依頼をうけた業者つまり相手先のブランドによる製品製造**）、共同研究開発などがいっそうやりやすくなり、グローバルな企業間関係が拡大してきている。くわえて、いろいろな言語や文化をもつ人びととの相互交流もふえている。

これらの企業にとっては、もはや国内市場と海外市場とを区別する意義はなくなり、市場は単一国際市場と考えられる。そして、「**グローバル・スタンダード**」（**国際標準**）という言葉がとびかい、製品開発、規格、管理システムなどの広い範囲で国際標準を制した企業のみが、国際競争に勝ち残れるという**国際標準経営**の時代に入りつつある。

そこで、グローバリゼーションと地域主義（ローカリゼーション）との間にたった「**グローカリゼーション**」という新たな経営戦略が模索されている。そして、どの企業も地域特性と地域貢献に配慮しつつ、他方で国際化や国際標準を意識して行動せざるをえない時代に入ってきている。

NOTE

⟨Chapter 2⟩ やってみよう（*Let's challenge*）

(1) 本章の講義を聴いてあなたが学習したことを記してみよう。

(2) 以上の内容を5行以内で要約してみよう。

(3) 前記の要約のなかで重要なキーワードは何ですか？ 列挙してみよう。

〈Chapter 2〉　　　　　やってみよう（Let's challenge）

(4) 理解できましたか？　つぎの言葉の意味を記してください。

① グローカリゼーション

② 「多様なプロが集まる場」としての企業

③ 人間尊重型の経営

(5) 考えてみよう。あなたが考える環境問題とはどのようなものですか。とくにあなたが気になっているものを明らかにしてみよう。

やってみよう（Let's challenge） 〈Chapter 2〉

(6) 以下の資料は株式会社日立製作所の基本理念・行動指針・行動規範を示したものです。本章で学んだ環境変化に日立製作所がどう対応しようとしているかについて、気付いたことを書きだしてみましょう。

基本理念

　日立製作所は、その創業の精神である"和"、"誠"、"開拓者精神"をさらに高揚させ、日立人としての誇りを堅持し、優れた自主技術・製品の開発を通じて社会に貢献することを基本理念とする。
　あわせて、当社は、企業が社会の一員であることを深く認識し、公正かつ透明な企業行動に徹するとともに、環境との調和、積極的な社会貢献活動を通じ、良識ある市民として真に豊かな社会の実現に尽力する。

行動指針

1. 当社従業員は、常に和の精神を基として、協力一致、社内及び日立グループ内の結束に努めると同時に、広く世界諸国との相互理解、友好関係の樹立に努める。
2. 当社従業員は、国際社会の新たなニーズを的確に把握し、これに即応できるよう、より高度で信頼性の高い技術及び製品を開発し、顧客に対し誠のこもったサービスを提供するよう努力する。
3. 当社従業員は、開拓者精神を発揮し、独自の調査及び研究開発を通じて、世界における技術面でのリーダーたる地歩を固めるよう努力する。
4. 当社従業員は、広く内外に知識を求め、見識を高めるとともに、絶えず人格の陶冶に努め、法と正しい企業倫理に基づき行動する。
5. 当社従業員は、常に公正で秩序ある競争理念をその行動の基本とする。
6. 当社従業員は、他社の有する経営及び技術情報の価値を十分に尊重するとともに、当社の有する経営及び技術情報の価値を十分に認識し、その厳正な管理体制の確立と徹底に努める。
7. 当社従業員は、国際的な平和及び安全を維持することが、わが国産業界のみならず国全体の信頼の確保に不可欠であることを認識し、貿易関連法規の遵守に努める。
8. 当社の幹部所員は、この行動基準に基づき自ら率先実行し、併せてその所属する従業員に対し、適切な管理指導を行い、業務を円滑に遂行せしめるとともに、職場規律の適正な維持管理と活力ある職場づくりに努め、所属従業員の士気高揚を図る。

行動規範

　「日立グループ行動規範」は、企業倫理と法令遵守の観点から、グループの役員・従業員に求められる遵守事項を具体的に規定しています。

行動規範

　日立グループにおいて共通として適用される具体的な行動規範として、「日立グループ行動規範」を制定し、経営トップのリーダーシップのもとにこれを徹底し、これによって「基本と正道」に則った、企業倫理と法令遵守に根ざした事業活動の展開を行います。

【主要目次】　第1章 誠実で公正な事業活動 [1.1 高品質で安全性の高い製品・サービスの提供　1.2 営業活動　1.3 調達活動　1.4 日立ブランドの尊重　1.5 技術者倫理の遵守]　第2章 環境の保全 [2.1 環境経営の推進　2.2 環境に配慮した事業活動・環境管理の推進　2.3 ステークホルダーとの対話]　第3章 社会との関係 [3.1 企業情報の開示　3.2 地域社会への貢献　3.3 政治・行政との関係　3.4 反社会的取引の防止　3.5 贈物・接待などについて　3.6 各国・各地域の文化・慣習の尊重と法令遵守]　第4章 人権の尊重 [4.1 人権の尊重に向けて　4.2 差別の撤廃　4.3 情報管理にともなう人権の尊重　4.4 労働における基本的権利の尊重]　第5章 経営基盤 [5.1 情報の管理と利用　5.2 内部情報の利用とその留意点　5.3 会社資産の管理と保全　5.4 従業員の力を引き出す環境の整備　5.5 輸出入関連法令の遵守]　第6章 行動規範の遵守の仕組み [6.1 ルールの徹底　6.2 自己チェック　6.3 内部通報制度]　第7章 経営トップの責任　附則　適用について

出所：日立製作所ホームページから抽出。

⟨Chapter 2⟩　　　　やってみよう（Let's challenge）

(7) (　　　　　　　　　　　　　　　　　　　　　)について調べてみよう。

Chapter 3
現代の企業社会と経営学を学ぶ意義

《本章のねらい》 日本の企業社会は、近年、そのあり方を大きく変化させつつある。ここでは、終身雇用・年功序列に代表される日本型経営の生成・発展・崩壊（ほうかい）のプロセスを明らかにし、「人材流動化時代」の到来のなかで、自己啓発により経営学を学ぶことの重要性を考える。

本章を学習すると以下のポイントが理解できる。①終身雇用・年功序列の慣行が生成・発展・崩壊した理由、②近年、個々人に自己啓発が要求されている理由、③経営学を学ぶ意義

1　君をとりまく企業社会

(1) 不安定な時代の到来

近年の大学生の就職状況は、やや好転し、「売り手市場」とも言われている。少しばかり景気が回復したとはいえ、君をとりまく状況は甘くない。いま日本の企業社会は大きく変化し「**人材流動化の時代**」が到来したとされるが、社会環境の変化の動向をよく見ておかないと、君は将来を見失うことになる。

(2) 新しい生き方・働き方の登場

企業社会の変化に応じて個人の側には、新しい生き方・働き方が求められている。これまでの**集団主義的で画一的な長期雇用**の慣行は一部を除いて崩壊し、会社側は「定年まで君の面倒をみるつもりはない」「愛社精神は不要だ」「自分の将来は自分で決めよ」といいだしている。**個人主義的で柔軟な短期雇用**の慣行が普及し、**即戦力型**の「意欲と能力」にあふれる人材を求め、個々人の「自由と自己責任」を重視する「新たなワーキング・スタイル」を追求している。したがって、個人の側も「定年まで勤めるつもりはない」「良いところがあればいつでも転職する」という人がふえている。

このような時代を個人が生き残るには、自分の職業意識・価値観を自覚し、生き方・働き方を明確にし、**自己啓発・能力開発**により社会的に通用するなんらかの**専門的な職業能力（エンプロイアビリティ）**を修得するしかない。

時代が大きく変化したのに、その変化に気づかず「自分のための勉強を自分ででき

ない学生」、**能力開発**ができない学生は、もはや「卒業」も「就職」もむずかしい。

2 「企業がなんとかしてくれた」時代の終り

(1) 日本型経営の変容

　かつて 1960〜70 年代における**高度経済成長**の時代に産業の**重化学工業化**が急速に進展したが、そこでは労働力が大量に必要とされ、農村から多くの若者たちが都会に出て企業で働くようになった。その結果、**都市の過密化**と**農村の過疎化**が進展し、農村落（ムラ）社会を基礎に形成された**日本的な集団主義**（集団の論理に個人を同化させる滅私奉公の精神と行動）は、都市の企業組織に引き継がれた。

　高度経済成長の時代に、大企業では製品が大量生産され、それは市場に大量流通し大量消費された。なんでもつくれば売れる時代であったので、企業は年々大きくなり、働く人びとの賃金が毎年上昇するようになった。個々人の職業能力や技能は職場内で行なわれる訓練によって修得され、人びとは**年功序列**によって処遇されてきた。「ひとたび採用したら定年まで雇用する」、「ひとたび就職したら定年まで勤めあげる」は、ごく普通のことであった。

　かくして、高度経済成長時代における集団主義的な組織風土のなかで、長期雇用・**年功序列**という雇用慣行が広く定着した。それは**企業別労働組合**とともに、「**日本型経営**」として確立され、長時間労働とあいまって「経済大国・日本」をつくりあげた。このプロセスで日本のビジネス・パーソンは「**会社への滅私奉公**」や「**会社人間**」をもとめられ、「**集団主義的おみこし型経営**」が確立した。

　1980 年代になり、高度経済成長の終えん、画一的な大量生産から多種多様な生産体制への移行、産業構造の転換・**リストラ**（事業構造の再構築）・海外移転などにともない、人材の流動化が始まり、集団主義的な長期雇用慣行がゆれ動いた。そして、個人の価値観・職業意識が多様化し、多様な生き方や生きがいを認める「ゆるやかな個人主義」が発芽し、女性の高学歴化と職場進出、共働きの増加などの諸要因が従来の「**日本型経営**」や「**おみこし型経営**」をゆるがした。

(2) 労働力市場の流動化

　1990 年代になり、情報ネットワーク型組織や分社型組織の普及、バブル経済の崩壊と雇用リストラの広範な展開を契機に、労働力市場はいっそう流動化した。そして、個々人の「意欲と能力」が重視され、会社側が「愛社精神は不要だ」「会社をアテにしないでくれ」という時代が到来した。このプロセスで個人の「**自由と自己責任**」を媒介にした生き方・働き方の確立がもとめられ、他社や他分野（行政組織やNPOなど）でも通用する専門的な職業能力が重視され、**自己啓発・能力開発**が強調さ

3　新たなワーキング・スタイルの登場

(1)　「社会化した自己実現人」へのニーズ

　このように長期雇用慣行が崩壊したので、個人の企業への集団主義的な忠誠心・帰属感は確実に薄れている。個人の側も企業内での**経営家族主義**や**企業別労働組合**に守られた「会社人間」として職業生活のみに生きがいを感じて自己を燃焼させるより、自分の人生観・職業意識を大事にした生き方・働き方を選択するようになっている。

　これからの個人は、職業生活・家庭生活・社会生活・自分生活のバランスをとり、この「**４つの生活（ライフ４、４Ｌ）**」のなかに生きがいや自己実現をもとめるのだろう。たとえば、女性の高学歴化・職場進出のなかで共働きがふえているが、そこでは「仕事と家庭の両立」は男女ともに不可欠な条件である。また、子育てとともに「仕事と学校行事の両立」「仕事とボランティア活動の両立」などももとめられている。このように、職業生活のみを重視するのではなくて、それ以外の生活も重視する人が増加傾向にあることは、多くの調査が明らかにしている。

　いま、日本の企業社会には、そのような「ゆるやかな個人主義」の意識や行動が増加している。そして「**社会化した自己実現人**」というべき新しい人間モデルが生まれつつある。４Ｌの並立・充実は、職業生活（労働）時間の短縮とともに、「**ゆとりのある生活**」を願う個人の側の欲求でもある。

(2)　「４Ｌの充実」の経営

　かくして、これからの企業は、「４Ｌの充実」に動機づけられる「社会化した自己実現人」を前提に、個人・企業・社会のバランスを考慮した「社会化した人材マネジメント」を展開せざるをえない。つまり、個人の「４つの生活」を重視して、「働きやすさ」や「生きがい」を提供する経営が要求されている。

　たとえば、**ワーク・ライフ・バランス**、**企業内託児所設置**、**テレワーク**、**在宅勤務**、**選択定年制**、**地域限定社員制度**、**社内公募制**、**キャリア開発**や**自己啓発の支援制度**、**カフェテリアプラン**、**ボランティア休暇制度**、**フレックスタイム制度**、**裁量労働制**、**再雇用制度**などは、その事例であろう。

　このような制度のもとで、個人は職業意識・価値観に応じた「働きやすさ」「生きがい」を選択できるが、同時に結果については自己の責任が問われる。このような個人の多様性・自立性・社会性を重視した経営（すなわち個人の側の「４Ｌの充実」を重視した経営）は、一面ではコスト削減という経営合理化原理を強化する内容をもち

つつ、他面では新たに生み出された「社会化した自己実現人」に対応するものである。このような動向のなかで、個人には以下の**能力開発**が不可欠である。

4　君に求められる「4つの能力開発」

(1) 自分の生き方・働き方のプラニング能力

労働力市場の流動化、**長期雇用慣行の崩壊**、**雇用管理の複線化**のなかで、多くの人びとに共通したこれまでの「大学を出たら会社に入る」「ひとたび入社したら定年までは勤めあげる」という画一的な会社主義的な人生観から解放され、自分の価値観・職業意識に応じた多様な職業や仕事をもとめる個人が創出されている。「いったん入社した」者でも経済情勢の変化や企業の事情により出向・派遣・解雇などを迫られるし、また自発的に**スピンアウト**（退職）して起業、**ベンチャービジネス**、**テレワーク**に挑戦するなど、画一的な会社主義人生からとき放されている。

このような時代では、「卒業後はどうしたらよいか分からない」「どのように生きたらよいか分からない」「会社を離れたらなにもできない」ではなく、自分の価値観や職業意識、自分の欲求や動機を明確にして、自分の生き方・働き方を自覚的計画的に設計する能力が不可欠である。大学での勉強は、まさにそのためにある。

(2) 自分のセールスポイントとしての職業能力

流動化した労働力市場のなかでは、君は自己の職業意識や価値観に応じた仕事（職業）をみつけ、選択して生きていくしかない。そのさい、みずから会社を起して事業を始める人（起業、創業）は、なんらかの専門的な職業能力がなくてはなにもできない。しかし、企業で働くことを希望する人も、就職・転職・労働移動するには、他社や他分野でも通用する専門的な職業能力の習得が不可欠である。

多くの企業は、もはや終身雇用を前提にしていないので、教育訓練費を節約して「意欲と能力」ある「即戦力型人材」を求め、多くの場合「**必要な時に必要な量のみ必要な質の労働力を雇用**」しようとする。かくして、人材流動化時代を生きぬくためには、男性も女性も、なんらかの職業能力を修得することが不可欠である。現代の企業社会では、職業能力の開発なくしては、企業に勤めるにせよ、みずから起業するにせよ、生きていけない。ここに、**公認会計士**、**不動産鑑定士**、**税理士**、**社会保険労務士**、**中小企業診断士**などの「資格」に多くの人が関心を寄せる根拠がある。

自分には、これができるという能力（すなわち自分のセールスポイントになる能力）を学生時代にこそ修得してほしい。大学での勉強はまさにそのためにある。

(3) 自分の仕事や生活に対する自己経営能力

みずから会社を起して事業を始める人（起業、創業）だけでなく、企業のなかで働

く個人も、**自己経営能力**なくしては仕事ができなくなってきた。現在、多くの企業は、情報ネットワークシステムの大規模な活用により業務・仕事をすることが前提になっている。そこには複雑な協働のネットワークが形成され、個人はそれに組みこまれ、相互信頼をもとに全体業務のなかの細分化された部分を遂行する。そこでは情報を共有する**フラット型やネットワーク型組織**が支配的になり、個人の自立的な判断や裁量に依存する業務が多くなっている。たとえば、**在宅勤務**などはその典型であり、個人の自立性と自己経営能力なくしては仕事も生活もできない。

つまり、企業にとって個人の自己経営能力が不可欠であるとともに、それらに依存せざるをえない。この経営能力の修得は、経営学の勉強を通じてできる。同時に、クラスの行事やサークル活動、さらにアルバイトなどを通じて、いかにヒト・モノ・カネ・情報を組みあわせると、効果的に目標達成できるか、経営能力の習得のための条件は、大学生活においてこと欠かない。大学での勉強はまさにそのためにある。

（4） 自分の労働生活の権利を守る政治的能力

起業を始める人は、自分の労働生活に関する権利を守るにはみずから行動するしかない。しかし企業のなかにあっても、みずから管理できる**裁量労働制**が拡大し、**年俸制**という賃金支払いが一般化し、全体に個人主義的管理が普及するようになれば、労働生活の権利侵害や不当労働行為には、自分ひとりでも闘える「**政治的能力**」が不可欠である。これまでの**企業別労働組合**のもとでは、集団主義的企業文化も支配しており、個人の政治的自由は制約されていた。

個人が「**失業なき労働移動**」をして、自分の職業意識に応じて仕事・職業の選択ができれば、自己の政治哲学に応じた政治行動をとる自由と自立性を獲得できる。企業別労働組合のあり方も大きく変化し、個別企業の枠をこえた労働組合が多く生まれ、これまで軽視・無視・放置されていた**サービス残業**、**不当労働行為**、女性差別、労基法違反などは大きく規制されることになる。かくして、人材流動化時代を個人が生きぬき、自己の労働生活の権利を守るには、ひとりでも闘い交渉できる政治的能力が不可欠となる。それは、民主主義的な生活者として自覚・自立することでもある。そのためには、憲法をはじめ労働法など最低限の法律の知識も不可欠である。大学での勉強はまさにそのためにある。

5　21世紀を生き抜くための「経営学のすすめ」

（1） 必要とされるみずから選択できる能力

現在、多数派の人びとには個人主義的な短期雇用が一般的になり、「必要な時に必

要な質の労働力を必要な量のみ雇用」する傾向である。かくして、君は自分の価値観や職業意識を明確にして、それにもとづいた働き方・生き方を自覚的に選択しうる能力が要求される。卒業後に、企業で働くにせよ、自営業者として働くにせよ、いつでもどこでも生きていけるような専門的職業能力の習得が不可欠である。

君を含めて働く人びとは確実に暮らしていける政治の実現のために、一人ひとりが民主主義的な生活者として行動のできる政治的能力が必要であるが、あわせて、自分の**キャリア**とライフを自分で切り開かなければならない。いまだに目が覚めず「だれかがなんとかしてくれるかもしれない」と思っている人、大学での勉強の意義が分からず、自己啓発・能力開発のできない人の進路は明るくない。

学生時代の勉強とは「自分で自分を改革して、いままでにない新しい自分を創る」ことである。これには、①これまでの自分（能力・性格）や環境に対する先入観や固定観念にとらわれない、②社会環境の変化を把握し、自分の置かれた位置を直視する、③**ブレーンストーミング**（参加者がそれぞれのアイデアをだす会合）などで他人の知恵を学び、自分の知識と能力を豊かにする、④異なる見方・考え方がないか思いめぐらし、視野を拡大する、⑤あれこれの知識やアイデアをさまざまに組みあわせ、新しい発見をする、⑥失敗を恐れず、これまでの常識を破り、新しいことに挑戦する、ことが必要である。

(2) もとめられる最低限の能力の育成

いま君にもとめられる最低限の能力は、以下のものである。

①特定分野に関する専門的な知識・技能（大学で学ぶすべて）　②**コミュニケーション能力**（傾聴能力、自己表現力、外国語の活用スキル）　③PC関連機器の操作能力・**情報処理能力**　④**経営能力**（計画・実施（組織・配員・指揮）・統制など、第7章参照）　⑤**問題発見能力および解決能力・政策立案能力**　⑥人間関係の調整能力（ソーシャル・スキル）

大学で経営学を学ぶのは、現代日本の企業社会のありようを認識して、そこでの自分の置かれた位置をみきわめ、経営能力などを身につけて、**人材流動化時代の企業社会を自律的に生きぬくため**である。テスト（試験）でよい点をとるための勉強は、すでに終った。これからは、君の人生を君の力で切り開くための「**本当の勉強**」が始まろうとしている。「**生きるために学び、学ぶために生きよ**」（ラーネッド博士）。

NOTE

⟨Chapter 3⟩ やってみよう（*Let's challenge*）

(1) 本章の講義を聴いてあなたが学習したことを記してみよう。

(2) 以上の内容を5行以内で要約してみよう。

(3) 前記の要約のなかで重要なキーワードは何ですか？ 列挙してみよう。

〈Chapter 3〉　　　　　　　やってみよう（Let's challenge）

(4) 理解できましたか？　つぎの言葉の意味を記してください。

① 「終身雇用・年功序列」の慣行

② キャリア開発

③ 自己実現

(5) 考えてみよう。あなたは、大学を卒業したらどんな仕事をしてどんな人生を歩むつもりですか。あなたのライフプランやキャリアプランを考えてみよう。

(6) つぎの図表の情報から、どのようなことが言えるか、記してみよう。

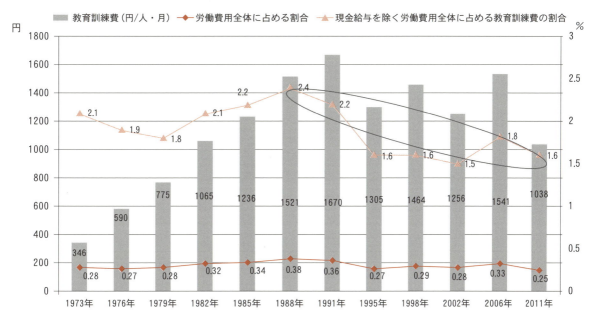

企業の支出する教育訓練費の推移

民間企業における現金給与を除く労働費用に占める教育訓練費の割合の推移をみると、80年代においては一貫して上昇していたが、90年代以降低下・横ばい傾向にある。

出典：・労働省「労働者福祉施設制度等調査報告」、「賃金労働時間制度等総合調査報告」、厚生労働省「就労条件総合調査報告」（抽出調査）
・ここでいう教育訓練費とは、労働者の教育訓練施設に関する費用、訓練指導員に対する手当や謝金、委託訓練に要する費用等の合計額をいう。
・現金給与以外の労働費用には、退職金等の費用、現物給与の費用、法定福利費、法定外福利費、募集費、教育訓練費、その他の労働費用が含まれる。

⟨Chapter 3⟩ やってみよう（Let's challenge）

(7) (　　　　　　　　　　　　　　　　　　　　　　　　　　　　)について調べてみよう。

Part 2

現代の企業経営のしくみ

Chapter 4
企業はだれが所有し、経営しているのか

《本章のねらい》 現代の代表的な企業は「巨大株式会社」であり、中小企業とはちがって株主・出資者と経営者が別の人物である。そこでは、会社の所有や経営はどのようになっているのだろうか。

本章を学習すると、以下のことが理解できるようになる。①大資本家（大富豪）所有のかつての会社と現代の巨大株式会社との違い、②巨大株式会社の主な特徴、③コーポレート・ガバナンスの意味

1 現代の巨大企業の主な特徴

(1) 「現代企業の典型」としての巨大株式会社の所有者

現代の巨大企業は、莫大な資金と設備を必要としている。どんな大資本家（大富豪）といえども、この巨大設備の資金をまかなうことはできない。そこで、広く資本を他人にもとめざるをえない。

現代の大企業においては、株主が何十万人という例は珍しいことではない（新日本製鐵42万人、ソニー69万人。2010年3月）。大株主には、銀行や保険会社などが登場し、「生身の人間」（自然人）がそこにはみられなくなっている。

(2) 巨大株式会社の特徴

株式が**上場**されている巨大な**公開株式会社**には、つぎのような特徴がある。

①「個人企業」や「家族企業」とは対照的に、互いに会ったこともない多数の人びとが株式購入によって、ひとつの同じ会社に出資している。

②会社が返さねばならないお金（「債務」）を抱えて倒産する場合にも、株主は自分の出資額分の損失を負担するだけですむ。これは、**有限責任**という。

③「資本金」は多数の等額株式に分割され、多額の出資者は多数の株式を、少額の出資者は少数の株式を持つことになる。主要な大株主の**持株比率**を計算することで、どの株主がどの程度影響力を持っているかをある程度推測できる。

④株式は「**株式市場**」で売買されている。株主は、株式をいつでも他人に自由に売り払って、出資金を回収したり、売買益を得たりすることができる。

⑤株式市場での売買過程においては「株式市場で売買されている会社株の時価総額」（1株あたりの時価×会社が発行した株式総数）と「現実に会社のなかで運用されている資本額」との間に金額的な不一致が生じる（「**資本の2重化現象**」という）。

⑥企業に対する信用基盤が「大富豪の個人的信用」から「会社自体の財産という物的信用」に変った。「会社の財産」だけが、会社の存続と倒産などのときに生じる債務弁済（借金を返すこと）を行なうための唯一の基礎になった。

⑦会社は、法律によって権利能力（権利や義務の主体となる能力）を与えられた一種の「人間」（**法人**）とみなされている。会社財産を所有している所有権者は、もはや大資本家個人ではなく、「会社自体」であり、会社の行なう経済活動の責任主体は、この会社自体となってきた。

(3) 巨大株式会社における所有権

現代の巨大株式会社では、どの個々の株主も、自分が企業の所有者であるとはいえなくなっている。個々の株主の権利は、「**本来的な所有権**」（企業財産を自分の意思だけで自由に使用し、収益をあげ、自由に処分できる）ではない。株主の権利は、新株引受権、提案権、議決権、代表訴訟提起権、株主総会召集請求権、取締役解任請求権などにすぎない。それは、「**社員権・株主権**」といい、本来的な所有権の一部である「**派生的な所有権**」である。

大部分の**一般株主**にとっては、所有株の利益配当や株価に不満があれば、株式市場で自由に売却して他社株に乗りかえればよい。このように身軽になった所有者の関心は、会社財産の日常的な運営自体から離れ**株主資本利益率（ROE）**や**投資収益率（ROI）**の高い企業を追いもとめることになる。**機関株主**と呼ばれる信託銀行信託部、保険会社、年金基金などが大株主になっているが、株価の値上がり（**キャピタルゲイン**）や配当金に関心がある点では同様である。そして、会社資産の維持・発展の任務・責任は**専門経営者**（プロフェッショナル・マネジャー）に集中していく。ただし「所有権」が重要になることもある。**M&A**（**合併・買収**）のさいには、株主総会で出席株主の議決権の3分の2以上が法的に必要とされるから、議決権獲得を巡る熾烈な争いが生じる。

2　巨大株式会社の経営

(1) 会社の意思決定・執行・チェックの仕組み

株式会社の最高意思決定機関と**トップ・マネジメント**の組織は、日本では、2006年5月に施行された会社法（2005年7月公布）で大きく変わった。

①**株主総会**――会社の「最高意思決定機関」である。通常売買単元の1,000株

（500株、100株、1株などもある）の時価分を払いこんだ人が株主になれる。株主総会に総株主議決権の過半数以上に達する株主が出席し、その議決権の過半数（重要事項は3分の2以上）が賛成することで、決議がされる。

②**取締役会** ── 株主総会で選出された取締役で構成され、株主総会の方針に沿って、株主などのステークホルダーのために、会社財産を効率的に運営するための基本方針を決定する。さらに、つぎの③、④の業務執行機関が基本方針に沿って業務執行を公正かつ効率的に行なっているかどうかを監督する。この監督がしっかりできるようにするために、アメリカでは、約7割を、他の会社の役員や公衆の代表である大学教授、弁護士などの**外部取締役**（社外重役）としている会社が多い。）

③**代表取締役**（アメリカの**最高経営責任者**、CEOに相当） ── 会社を代表し、業務執行機関として株主総会・取締役会の決議を執行するほか、日常業務など取締役会から委任された範囲内で自ら決定し、執行する。

④**全般的経営層** ── 代表取締役社長以下、業務担当取締役たちで構成した業務執行組織を意味してきた。その役割は、取締役会の基本方針に沿って、生産、販売、財務などの基本的な日常業務を行なうことで、現在も多くの会社で残ってはいる。しかし、1990年代後半頃から、**コーポレート・ガバナンス**の観点から意思決定・監督責任者（取締役）と業務執行者（執行役員）を分離して、それぞれの役割分担と責任を明確にしようという**執行役員制度**が導入され変化が生じた。執行役員は取締役会に参加せず、取締役会から与えられた執行権限を用いて担当業務の執行を担っている。

以上のほかに**監査役**ないし**監査役会**がある。その役割は業務監査（取締役が不法・

図表4-1　会社の機関と仕事の組織

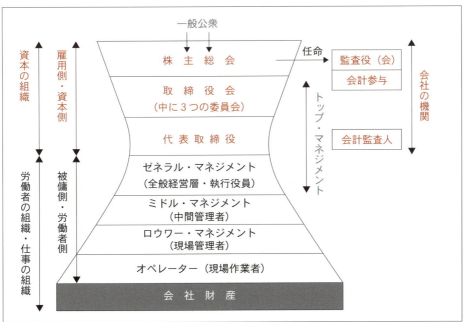

不当な行為をしていないかどうかのチェック）と会計監査（決算書のチェック）である。2006年施行の会社法では、それぞれの株式会社が実態に応じた運営形態を採用することができるように、多様な**会社機関**の設計を認め、会社機関は一律ではなくなった。アメリカの**委員会設置会社型**を認め、取締役会のなかに監査委員会を設けて監査役を置かないとする会社も出てきている。

(2) 機関設計と会社経営の実態との乖離

企業の巨大化につれて権力は、先進資本主義国では、「専門経営者」のグループに集中してきたが、日本ではこの一般的背景のほかに、経営者権力を強くした固有の背景がある。同じ企業集団内の企業間で**株式の相互持ち合い**が長年にわたって定着してきたという点である。さらに、総会屋（特殊株主）を使って発言を押さえ込んだり、多くの会社が同じ日に総会を集中させたりして、株主に意見を表明させないことも行なわれてきた。

この背景のもとで、機関設計のタテマエとは異なって、専門経営者が事実上の最高権力者になってしまった。もっとも、最近では改善されつつある。

アメリカでも経営者の権力は大きい。ただ、投資銀行・公的年金基金など**機関株主**の影響力もあり、チェックがかかる。同一企業集団間の株式持ち合いもない。「少数株主」が、株主総会での取締役の選出に候補者リストを事前に提出する、などの動きもある。また、社外取締役から構成される「**指名委員会**」「**監査委員会**」「**報酬委員会**」が、経営者の不正を排除しようとしている。

2006年の日本の会社法がアメリカの委員会設置会社型を盛り込んだ理由のひとつには、このチェック体制強化や外国人投資家増への考慮が関係している。

(3) 「社会的公器」という見方とCSRの重視

企業活動の社会に及ぼす影響はますます大きくなり、**利害関係集団（ステークホルダー）**の範囲は拡がっている。それは株主、従業員とその家族、労働組合、消費者、関係会社、取引先、債権者、債務者、競争会社、地域住民、政府、地方自治体など、多様になっている（図表4-2）。

株主数や範囲の社会的拡大だけでなく、利害関係者の数と社会的範囲の拡大というふたつの「社会性」が増大した現代の巨大企業には、「企業は大資本家や株主だけの所有物ではなく、**社会的公器**だ」と、とらえる見方が登場してきた。

企業は社会を構成する**企業市民**なので、自社株主の利益だけのために活動するのではなく、社会全体に対して責任ある行動を行い、利害関係集団との調和をはかることが要請されている。そして、経営者にもそのような期待に応える倫理性が必要であ

図表4-2　会社とステークホルダー

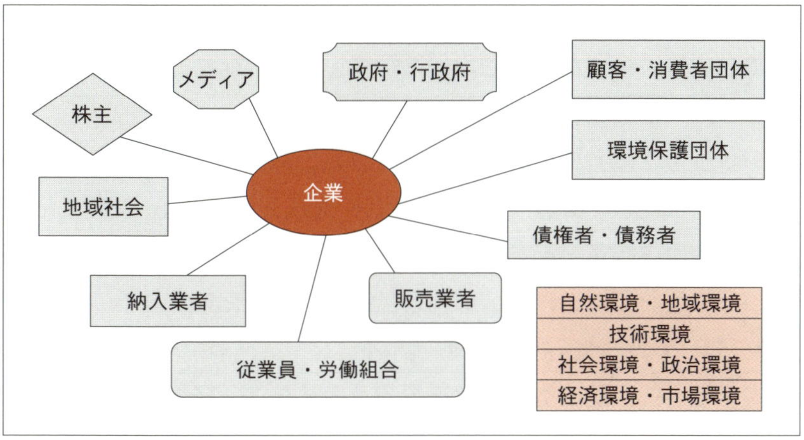

［図：企業を中心に、株主、メディア、政府・行政府、顧客・消費者団体、環境保護団体、債権者・債務者、販売業者、従業員・労働組合、納入業者、地域社会が取り囲む。右下に自然環境・地域環境、技術環境、社会環境・政治環境、経済環境・市場環境］

る。このような考え方はCSR（**企業の社会的責任**）と呼ばれる。

こうして、利害関係集団との良好な関係を保つ企業活動が**パブリック・リレーションズ**（PRs）、**企業の社会貢献**（フィランソロピー）、**情報開示**（ディスクロージャー）などとして行なわれてきている。利益の追求と社会的公器性とは、対立することも多い。しかし、現代企業は、このバランスをとることが必要である。

③　コーポレート・ガバナンスの意味——経営者に対するチェック

「専門経営者たちの経営の仕方はよいのか」「さまざまな利害関係集団間で、利益配分などを行なうシステムがうまく働いているか」「社会的責任をきちんと果たしているか」などをめぐって、企業の内部や外部からきびしくチェックして、経営が社会的にみて正しく機能するような評価システムをつくりあげることが大切である。

このような議論が、「コーポレート・ガバナンス」（**企業統治**）である。それでは具体的には、いったいどのような方法が考えられるであろうか。

（1）　株主の立場からの狭義のガバナンス論

「会社が株主のものである」という見方の人からすれば、経営者に対するチェックは、なによりも株主の声を聞かせる仕組みを強くすべきだということになる。

第1は、専門経営者に対して受け身的になってしまった株主の力を再生させるための、一連の経営者チェックの工夫である。このために株主がとりうる行動としては、①持ち株の大量売却による株価の値下がりを通じた圧力、②大量株保有による株主権の行使、③追放したい経営者の会社にM&Aの動きをしかける、④「**株主代表訴訟**」

（取締役が会社に損害を与えた場合、株主が会社に代わって賠償をもとめる）や**少数株主権**の利用、⑤企業間株式持ち合いの解消によって経営者のもたれあいをやめさせる、⑥経営陣に対し、企業が社会的責任に配慮した対応をすることを株主としてもとめていく投資行動（**社会的責任投資**、SRI）など、がある。

第2は、アメリカを参考にした取締役会の改革であり、①社外取締役を大幅に導入する、②最高経営責任者（CEO）と取締役会長の兼任を廃止する、などがある。

第3は、監査制度の改革である。これには、①取締役会の内部に社外取締役だけからなる監査委員会を設置する、②取締役と監査役の兼任を禁止する、などがある。

（2） 広義のガバナンス論

他方、企業は社会的公器であるとする見方からすれば、経営者に対するチェックや評価は、単に株主のみの権利ではなく、もっと広い利害関係集団が当然かかわるべきだということになる。この立場には、つぎのようなものがある。

第1は、「**労働者の経営参加制度**」の充実によるものである。たとえば、ドイツ、フランス、オランダ、デンマーク、ノルウエー、スウェーデンなどでは、取締役会や監査役会に労働者の代表を参加させている。また、消費者、地域住民、マイノリティ・グループ（少数民族など）などにまで拡げるという公共利益代表の構想もある。

第2は、経営内容に関する「**情報開示制度**」の充実である。企業経営の情報を開示し、社会に開かれた経営にすることは時代の要請である。これは、閉鎖的な経営を脱して、社会的責任を果たす経営にするように、経営者に要請している。

3カ月ごとの業績開示、連結財務諸表の対象子会社の範囲拡大と開示内容の充実は、もともと投資家・株主を意識して行なわれた。しかし、もっと範囲を拡げ、社会的なチェックや評価ができる社会監査などにまで発展させることが望まれる。

第3は、企業の自発的努力による**経営倫理**の制度化である。これには、①倫理担当の常設機関の設置、②倫理基準ないし行動基準の制定と遵守、③倫理教育の確立、④倫理関係の相談への対応、⑤内部告発の受容などがある。

第4は、政府や地方自治体が企業経営に規制をかけることである。規制緩和や企業の自己責任が強調されているが、そのことが弱肉強食、倫理なき戦い、企業エゴの徹底的な追求にならないようにするには、他方で厳しい規制が必要である。

たとえば、独占禁止政策、各種の法規制（環境汚染規制、消費者保護、人種差別規制、職場安全、雇用機会均等など）といった面では、しっかりした**公的規制**が必要である。また、贈賄・詐欺・非合法な選挙寄金、脱税などのさまざまな企業犯罪については、予防や規制を行なわなければならない。

〈Chapter 4〉　やってみよう（*Let's challenge*）

(1)　本章の講義を聴いてあなたが学習したことを記してみよう。

(2)　以上の内容を5行以内で要約してみよう。

(3)　前記の要約のなかで重要なキーワードは何ですか？　列挙してみよう。

〈Chapter 4〉　　　　　　やってみよう（Let's challenge）

(4) 理解できましたか？　つぎの言葉の意味を記してください。

　　① 巨大株式会社の所有権

　　② 取締役と執行役員

　　③ 「社会的公器」としての企業

　　④ 株主代表訴訟

(5) 考えてみよう。経営者に対するチェックはどのように行なわれるのでしょうか？

(6) つぎの文章の内容について、あなたはどのように考えますか。議論をしてみましょう。

> 日本では平成16年6月**公益通報者保護法**が成立した。
> 　保護対象者は、民間企業の**正社員**、**公務員**のほか、**退職者や取引先の労働者**、パート、アルバイト、派遣労働者など幅広く設定している。告発内容は、**医療ミスや悪質な詐欺商法**、**贈収賄**、**食品表示基準違反**、談合、**大気汚染防止法違反**などである。告発の乱用を恐れる財界や産業界などへの配慮としては、**勤務先や行政機関への告発を優先**させるという条件を設けている。すなわち、報道機関や消費者団体など外部へ通報して保護されるのは、証拠隠滅の恐れのある場合、勤務先に告発した日から2週間経過しても調査を行なわない場合、社内で口止めされた場合、などの条件を満たすときだけである。
> 　この案に対しては、そもそも犯罪行為の通報者の保護に厳しい要件を付けるのがおかしい、**取引業者は保護されない**ので雪印食品を告発した倉庫業者は保護されないことになる、**税法・公職選挙法・国会議員等の政治資金規正法違反**等は国民の利益の保護にかかわる法令に該当しないとして**除外**されている、等の問題点が指摘されている。

〈Chapter 4〉　　　　　　やってみよう（Let's challenge）

(7) (　　　　　　　　　　　　　　　　　　　　　)について調べてみよう。

Chapter 5

企業はなにをめざして活動しているのか

《本章のねらい》 企業は活動を行なうさいに、なにをもとめているのであろうか。本章では、企業の目標について、種々の議論を検討する。そして、企業が目標をどのようにつくっているかを考える。

本章を学習すると、以下のポイントが理解できるようになる。①企業にまつわる悪いイメージと、経営学による改善、②経営学における利益の意味、③ステークホルダー（利害関係集団）への奉仕やCSRが大切であること、④経営理念と経営戦略の意味と特徴

1 活動目標としての利益の追求

(1) イメージが悪かった「利益」

長い期間にわたって企業は「**利益**」だけをもとめて活動すると考えられてきた。しかも、これには、悪いイメージがともなってきた。

シェイクスピアの作品『ヴェニスの商人』は、ビジネス・パーソンを私利私欲のシンボルとし、軽蔑の目でみている。わが国でも、江戸時代には士農工商という身分制度がつくられ、利益をもとめる「商と工」の人びとの社会的な位置は低かった。

また、**マルクス**（K. Marx）の『資本論』では、資本家が支配する資本主義の企業を、利益の追求のために活動し、労働者を搾取する組織と考え、これにかわって労資の階級対立の解消、人間の平等を実現する経済体制の創造をもとめた。

(2) 企業像と経営者モデルの転換

経営学と**経営教育**は、工業先進国を中心にして20世紀初頭に誕生している。そして、この科学をつくりあげた人びとは、このような悪いイメージを変えようとしている。

利益の追求を消極的に評価しようとも、企業の活動はわれわれの生活を支えてきたという現実もある。それだけでなく、巨額の富を手にした経営者は、それによって自分の企業を拡大、発展させるが、それによって企業経営はきわめて複雑なものになってくる。

そこで、19世紀末から20世紀に入ると、この企業の経営を科学にしようという動

きが生まれる。生活者や社会への企業の関与が大きくなるだけでなく、企業の拡大によって経営が複雑化したことがその背景にある。それにともなって、経営の知識と倫理をもった経営者を大学で育成し、牧師、医師、弁護士と同じような**「専門的な職業」**（プロフェッショナル、プロ）にしようという考え方が強まってくる。

新しいタイプは、**専門経営者（プロフェッショナル・マネジャー、プロの経営者）** という企業経営のプロ集団である。このような人びとを大学で育成し、これまでの資本家型の経営者にかわるべきだとした。わが国でもすぐれた経営を行っている企業の経営者は、このタイプになっている。

2　企業目標の検討

(1)　「利益」の意味

「企業目標イコール利益」という考え方が、長い間にわたって、定着してきた。しかし、利益は本当に企業の目標なのであろうか。経営学においても、企業は利益をもとめていることが認められており、「企業目標イコール利益」のイメージをいだいても、間違いはない。しかし、いくつかの要点がある。

ひとつは、企業が利益を得ることは正当であり、悪ではないということである。不正をしたり、暴利をむさぼることは許されない。だが、しっかりと企業活動を行ない、それなりの利益を得るのは決して悪いことではない。また、獲得した利益は、将来の企業活動の原資や動機づけになる。

つぎに、利益は企業のめざす目標のひとつであるということである。企業は、**売上高の上昇、規模の拡大、マーケット・シェア（市場占有率）の上昇、財務上の安全性**などの他の経済的な目標も達成しようとしており、利益というひとつの目標だけでなく、他の複数の目標をもっている。そして、企業のおかれている状況によって、重視したり、優先される目標にちがいが出てくる。

また、経営者は、自分の**社会的な名声**や**評判**を高めたり、自己の個人的な関心・信念なども大切にしている。そこで、教育や文化、宗教事業に寄付したり、慈善団体や研究機関などを設立する経営者もいる。

第3に、企業が利益をもとめるといっても、それだけでは抽象的で、あまり意味がないことである。利益の絶対額を大きくするのが目標なのであろうか。それとも投下した資本に対する利益の比率（**「資本利益率」**とか**「投下資本利益率」**（Return on Investment, ROI）という）を大きくするのが目標なのであろうか。それとも、売上高に対する利益のウエイトを大きくすることなのであろうか。

NOTE

「企業は利益をもとめる」という。しかし、企業経営の観点でいうと、それだけでは、抽象的であって、あまり意味をもたない言葉である。

(2) 利益の測定と評価

一般的にいえば、利益の絶対額が多いほうがよい。たとえば、1億円の利益は、5,000万円の利益よりも多い。しかし、1億円のために10億円の投資をした場合と、5,000万円のために、1億円をかけた場合とを比較すると、ROIは、明らかに5,000万円のほうがよい。また、同じ額の利益であれば、投資額の少ないほうが望ましい。1億円の利益のために、10億円かけた場合と5億円かけた場合では、後者のほうがよい。

さらに、利益の絶対額といっても、**損益計算書**をみるとわかるように、営業利益のレベルでみるのか、**経常利益**(実務の世界では経常(ケイツネ)という)でとらえるのか、あるいは純利益で考えるのかでも異なってくる。売上高から製造コストを差し引いた**売上総利益**、売上総利益から販売費・一般管理費を引いた**営業利益**、さらにこの営業利益から営業外損益を差し引いた**経常利益**など利益にもいろいろなレベルがある。

(3) 報酬としての利益

利益は生活者に製品やサービスを購入してもらった見返りとして企業にもたらされる「リターン」(報酬)であるという見解がある。利益は、企業がもとめて獲得するものよりも、企業活動の成果として生じる報酬なのである。

この考え方を信じている経営者は実際のところ多い。たしかに利益をもとめようとして活動しても、現実に利益を得られる保証はなく、それよりも生活者に購入してもらうようにすることのほうが大切である。

(4) ステークホルダーへの奉仕とCSR

企業は、だれのために奉仕しているのであろうか。企業は、"ストックホルダー"つまり株主とか、出資者のものであるという。私有財産制のもとでは、確かに企業は資本の提供者のものである。経営者は投下資本を維持しつつ、十分な配当を支払い、出資者の利益を守る必要がある。

しかし、今日では"ストックホルダーからステークホルダーへ"という主張が一般的になってきた。ステークホルダーとは、株主を含む多様の利害関係集団のことである。

企業はなによりも「働く人びと」によって支えられており、それらの人びとのものでなければならない。そこで、企業の活動は、"ES"(エンプロイー・サティスファクション、従業員の満足)の充足に関係している。

つぎに、企業は製品やサービスの販売を通じて、「顧客や消費者」に奉仕し、かれ

らの信頼を得ることができるかどうかが、企業の活動と発展を制約する。したがって、ESと並んで顧客への奉仕と "**CS**"（**カスタマー・サティスファクション**、**顧客満足**）が大切となる。

さらに、企業は自由な競争のもとで活動しつつ、他方で「他の企業」と協力の関係をつくったり、取引活動を行なっている（第9章を参照されたい）。そして、異業種交流の会合に出席し、いろいろな情報を得たり、経営コンサルタント会社の力をかりて経営戦略をつくることも必要になっている。ともかくも、他のいろいろな企業とのやりとりのなかで活動し、ともに発展するという考え方を大切にすべきである。

第1章でも述べたが、企業は「地域社会」や地域住民とも関係をもっており、地域や住民の生活に貢献しなければならない。また、現在では地域で発生する各種の問題を解決するために、NPO法人や社会企業家と協動することも期待されている。そして、「ジャーナリズム」（新聞や放送局など）も企業の動きに関心をもっており、重要なステークホルダーになっている。

これらのステークホルダーとの関係をしっかりつくりあげることは、CSRになる。

(5) 環境変化への創造的な適応

「生き残る」そして、「生き抜く」ことが企業の目標であり、そのためには変化する環境に主体的に働きかけ、適応していくことが大切である。企業のおかれている環境が激しく変化しており、その変化に創造的に対応できなければ、企業は成長どころか、存続さえも困難になるからである。

3 目標志向性の構造

(1) 目標志向性をもつ企業

企業の経営者は目標をつくり、それを達成しようとする。これが目標志向性であり、経営理念、経営戦略、経営計画、企業予算などが企業全体の目標を示している。これらの目標は、自社が所有し、蓄積している経営資源の考慮を検討しつつ、環境の変化に対応するようにつくられる。

企業全体の目標は、経営者を中心にして構想され、策定される。そして、これを実現するためには、各種の経営資源の投入だけでなく、働く人びととの協働が必要となる。

(2) 経営理念の意味

経営理念は創立者などの**創業の精神**に典型的に示され、経営者が退職や死去などによって交替することがあっても、基本的に変更されずに継承されることが多い。それは経営者の精神とか、心構えというべきものであり、全社的な方向性だけでなく、そ

れを実現するための考え方が含まれている。日本企業の"**社是**""**社訓**""**信条**""**綱領**""**方針**"などは、この例である。

　要するに、経営理念とは企業の理想像やビジョンであり、経営者がみずからの企業に対していだく願望である。そして、「こういう会社になりたい」という意思の表明であり、どちらかというと抽象的な言葉や文章でつくられている。

　そして、経営者は経営理念をもつことで、信念をもって力強い経営を実行できることになる。また、志の高い経営理念をかかげている企業は、長期的に見ると、業績を上げ、倒産せずに生きつづけることができると考えられる。

　経営者は、経営理念を実現するために、社内に浸透させようとする。つくるだけでは、たんなる"絵にかいたモチ"にすぎず、意味がなく、オフィス、工場などの目につくところに掲示したり、社内ポスターや社内報などに掲載する。あるいは、朝礼での上司のあいさつや教育訓練プログラムのなかに織りこまれて発言される。

　また、社会やステークホルダーにも広く知らせる必要がある。CI（コーポレート・アイデンティティ）とは、統一された企業イメージを植えつけようとするイメージ戦略（シンボルマーク、シンボルカラー、ロゴタイプ（連字）、キャッチフレーズ）である。"Quality for You（確かなクオリティを、明日へ世界へ）"の三菱UFJフィナンシャル・グループ、"クオリティ・アンド・チャレンジ"のアサヒビールなどは、巨大企業のキャッチフレーズの例である。この経営理念が、国内外を問わず社会に浸透し、そのようにイメージされると、企業はステークホルダーの信頼や信用を得て、存続や発展を可能にしうるのである。

　しかし、前述の社内への浸透をはかることも重要である。それは、企業で働く人びとが経営理念に従って意思決定したり、活動できるようになることである。つまり、働く人びとが経営理念を認めあうことで、意思決定や活動を行なうさいに、一定の方向づけが与えられ、社内の人びとが一丸になって、仕事を行なえるのである。

　そして、この共有される経営理念に他社と較べて独特な特徴があれば、それはその企業に特有な企業文化となり（第14章参照）、"**社風**"とか"**会社のカラー**"ともいわれるものになる。

(3) 経営理念の解釈と変更

　環境変化のもとでは、企業の**目標**を決めることはむずかしい仕事となる。しかし、そのような状況においてこそ経営者は経営理念をはっきりと従業員に示し、同意と協力をもとめなければならない。

　「変化」は、経営者のレベルではなく、第一線の現場で発生する。しかし、経営者

はこれに対していちいちことこまかく指示することはできない。この場合には、従業員たちはそれぞれが経営理念をみずから解釈し、仕事を遂行していくことになる。

また、経営理念は、長期にわたって維持され、変更されないものである。しかし、はげしい環境変化のもとでは変える必要が当然のことながらでてくる。

(4) 経営戦略の策定

企業目標を示すもうひとつのキーワードに「経営戦略」がある。すでに述べたように、**経営理念**は経営者が自分の企業に対していだく願望である。経営理念は自社のおかれている環境条件や所有している経営資源の実情をあまり考慮することなくつくられ、長期にわたって変えられないという意味で、「固定性」と「長期性」という特徴を有している。

これに対して、**経営戦略**は経営理念の実現にむけて、変化する**環境**や**経営資源**の所有状況を具体的に検討しながら、導きだされる。そこで、経営戦略は具体的な目標であり、環境や経営資源の状況が変化すると、変えていかなければならないので、「可変性」と「短期性」の特徴がある。

このように見てくると、経営理念は、環境と経営資源を媒介としつつ、経営戦略の大枠を決めていると考えられる（図表5－1）。

図表5－1　理念と戦略の関連図

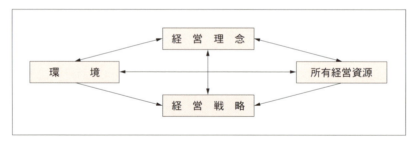

(5) グローバル時代を生き抜く目標の創造

21世紀のグローバル時代を生き抜く目標を創造し、それに向って活動を展開していくことが大切である。経営者は自己の経営（マネジメント）能力を高めるとともに、将来をしっかりと見すえた目標をつくることが求められている。よくいわれる「持続可能性」を実現するための目標づくりとそのための活動が現在求められている。それは、21世紀を「生き抜く」ことを具体化する目標である。

NOTE

⟨Chapter 5⟩ やってみよう（*Let's challenge*）

(1) 本章の講義を聴いてあなたが学習したことを記してみよう。

(2) 以上の内容を5行以内で要約してみよう。

(3) 前記の要約のなかで重要なキーワードは何ですか？　列挙してみよう。

〈Chapter 5〉　　　　　やってみよう（Let's challenge）

(4) 理解できましたか？　つぎの言葉の意味を記してください。

① 「企業イコール利益」というイメージ

② ステークホルダー

③ 経営理念と経営戦略

(5) 考えてみよう。「利益」については、いろいろな見方がありますが、あなたは報酬としての利益について、どのように考えますか。

(6) つぎの情報から、どのようなことが言えるか、記してみよう。

以下の文章は「第三国はがきの名文コンクール」の大賞となった武州工業（埼玉県入間市の金属加工会社）の社長・鈴木正蔵さんのものです（『朝日新聞』2017年11月4日）。大きな企業ではないのですが、経営者の願いや理想、さらに覚悟といったものが書かれています。

> 従業員のみんなへ
> いつも、仕事頑張ってくれてありがとう。
> 気難しく何事にも妥協しない俺だけど、精密金属加工っていう仕事柄、得意先の信頼を勝ち得て初めて次なる仕事が貰える。そのためには、日々厳しいかもしれないけれど俺についてきて欲しいな。頑張った分、仕事が増え給料を上げてあげられ、残業も無くして土日しっかり休みが取れて、家族と楽しい日々を過ごし、また仕事を頑張る、というのが社長の唯一の願いなんだよなあ。

⟨Chapter 5⟩　　　やってみよう（Let's challenge）

(7) （　　　　　　　　　　　　　　　　　　　　　　　　）について調べてみよう。

Chapter 6

企業が利用できる経営資源には、どのようなものがあるのか

《本章のねらい》 企業活動に不可欠なのが、ヒト、モノ、カネ（資本）である。これがなければ、企業の経営はありえない。しかし、それ以外にも情報資源、企業文化、時間、技術などが不可欠である。これらのものを「経営資源」と呼ぶ。

本章を学習すると、以下のことが理解できるようになる。①経営資源の具体的な内容、②どの経営資源が重要であるかは、時代や状況とともに変わること、③経営資源の獲得、利用、蓄積、最適配分は、経営戦略論の重要テーマでもあること

1 経営資源の意味と分類

(1) 企業というシステムをつくる主要な経営資源

企業が活動を行なうためには、人間、土地、建物、機械、原材料、資金などが必要で、「ヒト、モノ、カネ」といわれてきた。これらのうち、どれが欠けても、企業は活動を続けることはできない。

こうした企業活動のもととなる要素や能力を「**経営資源**」という。そこで、3つは、**人的資源**、**物的資源**、**貨幣（ないし資金）的資源**ということになる。

企業は、図表1-1に示したように、これらの資源を日々の活動のなかに投入（**インプット**）する。そして、その成果として製品を産出したり、無形のサービスを生むことになる。この成果を産出（**アウトプット**）と呼ぼう。

このように、企業活動とは、これらの資源をできるだけ有利にインプットして、それをできるだけ能率的に処理し、アウトプットをつくりだすシステムである。企業規模の大小、時間や地域・国のちがいなどを越えて、このシステムには、このような共通な特徴がある。

そして、このシステムの中心には、「**人間**」がいる。人間は分業しつつ協力しあって、モノやカネを動かしていく。これが、「**組織**」であり、組織がうまく活動・発展するように調整することが**経営**（マネジメント）機能のひとつとなる。

3つの経営資源が結びついて有効に成果をあげるためには、「経営と組織」が不可欠である。その意味では経営と組織も、大切な**無形の経営資源**である。

(2) 新たな経営資源の発見──情報、企業文化、関係的資源、時間、技術

しかしながら、経営資源とみなすべきものがほかにもいくつかあると考えられるようになった。それらには、情報、**企業文化**、時間、技術などがある。

前述したが、「組織」が実際に有効な成果をあげるためには、協力しようとする気持ちのある人びととの間で、共通の目的とか目標がしっかりと確認されていなければならない。さらに、日々の仕事遂行の過程でも、企業内部で起こっていることについて、みんながよく知っていることが必要である。

つまり、お互いにコミュニケーションがしっかりとれていることが必要である。それだけでなく、**企業外部の情報**（顧客ニーズ、技術、市場、同業者、環境問題など）の把握と蓄積も重要である。このように、組織の根底には、「情報」の流れと蓄積がある。今日では、ICTの発展もあって、情報の戦略的利用の優劣が、企業の生死の決め手にすらなっている（第8章参照）。

企業はまた、人間と同じように、個性をもっており、異なった歴史や環境のなかで、年輪と経験を積み重ねて、今日に至っている。その結果、それぞれの企業には、共通の価値観、独自の社風、個性、体質、固有の考え方などといったものがある。

本社ビルのデザインだけでなく、社内の雰囲気、仕事のスタイル・技能・ノウハウなどにも、その企業独特のものがある。社員にやる気がなく、受け身で、勤務時間の過ぎるのを待っているだけの文化と、全員がやる気になって、きびきびと動き、頭もフル回転し、新しいアイデアを主体的に出してくる文化とでは、同じく3つの経営資源を使っても、明らかに成果に大きな差が出てくる。

また、長年にわたってつくりあげられた顧客の**企業イメージ**は、顧客を獲得するうえでは、大きな力となる。要するに、企業の個性となる企業文化は、無形のものとはいえ、働く人びとをひとつにし、活性化させるだけでなく、顧客獲得のための重要な資源になっている（第14章参照）。

これに関連して、会社が持っている信用・地位・権力・威信などの社会関係の豊富さは、諸資源の獲得や有効な利用においても、絶大な力となる。これは**関係的資源**とか、ネットワーク資源という。

つぎに、「**時間**」である。意思決定を行ない、行動を起こす場合に、遅すぎてタイミングをはずすようでは意味がない。逆に、機が熟さないときに早まって行動しても、思ったような成果は得られない。タイミングや時間は、その意味で大切である。また、計画や準備につかえる時間的な余裕をどれだけもっているかも、重要な要素である。

NOTE

さらに、コンビニ（エンスストア）は、他の業態の店舗が利用してこなかった時間帯をビジネス・チャンスにしている。この場合も、決め手は「時間」である。

企業は、以上の経営資源の「**集積体**」でもある。この経営資源をどのように集めて、利用するとか、組みあわせるかは、多種多様であろう。そのなかで、ある資源利用の組みあわせからは、ある製品やサービスが生まれ、また別の組みあわせからは別のものが生まれてくることになる。

しかし、この集積体からは、これまで利用されてこなかった資源を新たに発見・獲得・利用することによって従来なかったような製品やサービスがつくりだされる可能性がある。そして、この可能性の実現に重要な役割を果たすのが「**技術**」である。新しい技術や、経営資源のこの新たな結合がなければ、企業は新しい製品やサービスをつくりだすことができない。技術が経営資源となる理由は、ここにある。

(3) 経営資源論の問題領域

経営資源は、もともと外部環境から企業のなかに入ってきたもの（インプット）である。したがって、経営資源論においては、①経営資源をどのようにして外部から獲得するのか、②経営資源をどのように内部に蓄積していくのか、③獲得し、蓄積された経営資源をどう配分するのか、という３つの問題がでてくる。

最初の資源獲得には、資源市場での有利な調達や応急的な調達からはじまって、企業提携、M&A（合併と買収）などの長期的戦略にまで及ぶ問題がある。つぎの資源蓄積においては、人材開発、組織開発、企業文化の変革、経営（マネジメント）能力の蓄積、戦略的情報システムの構築、研究開発（R&D）管理などが課題となる。最後の資源配分は、**経営戦略論**において多く論じられてきた。

ある企業の経営が、他の企業に対して優位性を保ち、うまくいくかどうかは、その企業が社会から支持される有望な事業分野を選択するとともに、それを遂行するための経営資源をどのように獲得し、蓄積し、配分するかにかかっている。つまり、企業の経営とか、経営戦略とかいわれるものの中心は、まさにこの点にある。

2 経営資源の特徴

(1) 特徴としての多様性

一口に「**物的資源**」といっても多様である。それには、工場やオフィスの建物、機械・設備、器具備品だけでなく、運搬用車両、土地、材料、原料、製品などがある。「**人的資源**」のほうも常用の正規労働者、経営者や管理者、スタッフ職（人事、総務、経理、技術、情報などの専門集団や企画、調査の各専門集団）、臨時・有期の非正規

労働者（パート、アルバイト派遣など）などであり、さまざまである。

「**貨幣的資源**」にしても、第12章でも述べるが、調達面だけからみても、資本金、利益準備金などの自己資本と、支払手形、買掛金、借入金などの他人資本に分かれる。さらに、すでに述べた組織、情報、企業文化、時間、技術についても、多様な内容を含む点では、事情は同じである。

このように、一口に経営資源といっても、そのありようは実に多様であるから、ひとたび全社的な経営戦略が決定され、それに沿った経営資源の獲得、蓄積、配分を実際に行なっていくという場合にも、すべて具体的に考える必要がある。

(2) 時代の変化と経営資源

いまひとつ注意しておかなければならないのは、どの経営資源が重要かは、時代や状況とともに変わるということである。

ここでは時代を中心に考えることにしよう。経済学者**ガルブレイス**（J. K. Galbraith）によれば、封建時代までは「**土地の所有**」が決定的に重要であった。当時は、農業生産（食料と衣料の供給）が中心で、資本は必要ではなく、労働力の確保も容易であった。これにより、土地所有者による社会支配が可能になった。

しかしながら、機械が発明され、石炭、鉄鋼、鉄道、機関車、船舶、紡績機械、建物、橋梁などの生産が行なわれるようになると、農業生産の地位が低くなる。そして、これらの生産では、「**資本力**」が大きな力を発揮した。資本を所有していれば、土地や労働力は容易に取得できるのである。かくして、資本は経営資源として重要になるとともに、「**資本家支配**」の時代に移行する。

そして、時代はさらに進む。資本が豊富になり、資本以外のものが戦略的に重要になることで、資本家支配の時代も終わる。技術や計画化などによって特徴づけられる20世紀後半以降になると、企業にとっては豊富な技術的知識とスキルが重要となり、それらの具体的な担い手である広範な専門家たち（「**テクノストラクチュア**」という）に、支配力が移行する（斎藤精一郎訳『新しい産業国家』講談社）。それによると、現代は「**情報**」とか、「**知識**」が経営資源として重要になっている。

(3) 経営資源の重点変化

このような論点を、もう少し述べていこう。第二次世界大戦後の日本を思いおこしてみれば、戦争直後にまずもとめられたのは、なによりも「**モノ**」であった。やがて経済復興から高度成長期においては、設備投資のための「**カネ**」が最重要の資源となった。さらに、あいつぐ成長のなかで生じた労働力不足が、やがて「**ヒト**」に焦点を当てさせることとなった。

同時に、社会の成熟化、経済のサービス化も進展した現在では、単なるヒト、モノ、カネを中心とした経営資源論では不十分と感じられるようになる。かくして、こうした経営資源だけでなく、**無形の経営資源**が重視され、すでに述べてきたように情報、企業文化、時間、技術などの重要性が、強く感じられるようになった。

3　経営資源の獲得・利用・蓄積・配分と経営戦略

(1)　経営資源の獲得と経営戦略

経営資源の獲得には、「**スポット市場での調達**」（当面の応急的な購入）から企業提携、M&A などの長期的な経営戦略に及ぶ問題までが含まれている。これについては、すでに述べた。

とくに最近注目されているのが、他社の経営資源を活用する企業提携や M&A である。はげしい技術革新や合理化競争、販売競争にうち勝つためには、自社のもつ既存の経営資源や事業分野だけでは生き残りが困難な場合が生じている。このような場合には、技術提携、業務提携、販売提携、資本提携などの方法で補うか、M&Aによって事業分野を追加するか、が追求されることになる。

(2)　経営資源の有効な利用・蓄積と経営戦略

既存の経営資源や新たに獲得した経営資源は、有効に利用したり、蓄積することが必要である。未利用の内部資源やビジネス・チャンスの発見と利用という視点も重要である。

たとえば、「**人的資源管理**」（ヒューマン・リソース・マネジメント、HRM）を通じて、働く人びとの自己実現欲求を満たし、高い意欲と能力を開発・活用することがめざされる（第13章参照）。また、**組織開発**は、企業文化や意識の変革と活性化を通じて、組織の効率を高めることになる（第14章参照）。

こうしたことを推進するために、経営（マネジメント）能力の蓄積と情報の共有は重要である。さらに、SIS（戦略的情報システム）の構築、研究開発による技術蓄積なども、経営資源の蓄積に必要となる。これらは、**人材開発戦略**、**組織開発戦略**、**情報戦略**、**研究開発戦略**などと呼ばれる。

(3)　経営資源の最適配分と経営戦略

経営資源を長期的な観点から最適に配分するという問題は、1960年代なかば頃から、経営戦略論として積極的に展開されてきた。

企業は、その目標となる経営理念を達成するために、もっている経営資源とおかれている環境の両方に配慮しながら、両者を適合しようとつとめる（第5章参照）。現

図表6-1 ボストン・コンサルティング・グループのポートフォリオ

	大きい ← 業界内におけるマーケットシェア → 小さい
高い ↑ 市場における成長率 ↓ 低い	**スター（成長期）** 1. シェア維持のために資金も必要だが、利益は大きい 2. うまくやれば金のなる木になりうる（へたをすれば負け犬になることもある） 3. 初期投資負担を引きずっている / **問題児（新製品導入期）** 1. 成長性は高いが、シェアが低く、利益は少ないか採算割れである 2. うまく育てばスター、金のなる木になる可能性がある 3. 投入資金を多く必要とする
	金のなる木（成熟期） 1. シェアが大きい割に、資金投入量が少なくてすみ、利益は大きい 2. 資金、利益の重要な源泉となる / **負け犬（衰退期）** 1. 基本的に撤退する 2. 投入資金以上の稼ぎが見込まれるなら撤退しないこともありうる

金のなる木を資金源として、スターや問題児を育て、次期の金のなる木にしていくように、資源配分をする。

在および予想される将来の環境下で、わが企業は、どのような独自の事業活動（「ドメイン」や「生存領域」ともいう）を追求すべきであるかを決定しなければならない。ドメインとは、その企業にとって「柱」とか、「中核」（コア）となる事業活動の範囲のことである。

ドメインが決まれば、それに対応して経営資源をどのように調達し、蓄積し、具体的にどのように活用するかというプロセスが続くことになる。これが資源の配分問題である。それは、どの事業にどれだけの経営資源を重点配分して育成するのか、また、どの不採算事業を見直したり、撤退・売却したりすべきなのか、という問題である。

アンソフ（H. I. Ansoff）の製品・市場マトリックスで示される**製品・市場戦略**、ボストン・コンサルティング・グループ（BCG）の提唱による**製品ポートフォリオ・マネジメント（PPM）**（図表6-1）などは、いずれも経営資源の最適利用をめざした重点配分に関する先駆的な主張であるとともに、その後の**経営戦略論**の発展を基礎づけている。

NOTE

⟨Chapter 6⟩ やってみよう（*Let's challenge*）

(1) 本章の講義を聴いてあなたが学習したことを記してみよう。

(2) 以上の内容を5行以内で要約してみよう。

(3) 前記の要約のなかで重要なキーワードは何ですか？ 列挙してみよう。

〈Chapter 6〉　　　　　やってみよう（Let's challenge）

(4) 理解できましたか？　つぎの言葉・用語の意味を記してください。

　　① 人的資源

　　② 物的資源

　　③ 貨幣的資源

　　④ その他の経営資源

(5) 考えてみよう。「時代や状況とともに重要となる経営資源は異なる」とはどのようなことか。そして、現代の企業にとってとくに重要なものはなにか。

(6) つぎの図表の情報から、どのようなことが言えるか、記してみよう。

出所：住友商事の総合力（同社 Web site 2007.9.15）

⟨Chapter 6⟩　　　やってみよう（Let's challenge）

(7) （　　　　　　　　　　　　　　　　　　　　　）について調べてみよう。

Chapter 7
企業はどのようにして経営し、組織をつくるのか

《本章のねらい》 本章では、企業の中心にいて、企業を動かしている経営者・管理者とか、マネジャーの仕事である経営（マネジメント、経営管理）に焦点を当てる。
　本章を学習すると、以下のことが理解できる。①経営は経営者や管理者の仕事のすすめ方であり、過程（プロセス）をなしていること、②企業組織をつくりあげているしくみ、③組織の基本タイプ、④大企業が採用する事業部制組織、⑤ ICT にともなうネットワーク型組織への転換

1　経営の意味と内容

(1)　「計画」の意味

「計画」（プラン）とは、第 5 章の 3. で示したように、経営者の最初の仕事として**目標**をつくることである。具体的には経営理念、経営戦略、経営計画、企業予算などを作成する。この計画なくしては、経営はスタートしない。なにを行うかを決めることが「計画」の意味であり、それによって、経営者は企業活動における自分の方向性を定めるとともに、部下が仕事を行なうさいの目標を示している。

(2)　「実施」の意味

「実施」（ドゥー）とは、計画を実施・実行することである。そこには組織づくりと人の配置、**指揮**（命令）、**調整**という仕事が含まれる。組織づくりと人の配置とは、組織図をつくり、人と仕事を結びつけることで、各人の分担する**仕事**（**職能**）を定め、責任と権限を明確にし、職務相互間の関係を合理的につくることである。指揮とは、上司が部下に仕事を実行するように指示することである。さらに 調整とは、上司が部下に仕事の実行を指示したとしても、仕事の割りふりが不適切であったり、部下の間で対立や不調和がある場合には、修正を行なう必要がある。

(3)　「統制」の意味

「統制」（シー）とは、実施・実行された活動が計画にしたがい行なわれたかを検討・評価することである。そして、**計画値**と実際の結果（**実績**）に**ギャップ**（**差異**）があるならば、修正するか、できない場合は、つぎの計画に生かすことにする。

2　企業組織のしくみ

(1) 企業内における分業

　企業活動をみると、前述した目標づくりに関係した経営計画を主に立案する人間がいる。そして、必要な資金を調達する仕事をする人、また、計画にもとづいて指揮・命令する人、さらに指揮・命令にしたがって実際に機械を動かし製造を担当する人、製造された商品を販売する人、企業経営に関する情報を集め、経営計画の立案に貢献する人などがいる。これらの人びとは、その活動を個々バラバラに行なうのではなく、ひとつの目標に向かって全体の職能の一部を専門的に分担しつつ、統一的に活動している。これを「**企業内分業**」という。

　ところで、従業員数が増加し、企業規模が拡大してくると、経営という職能は垂直的だけでなく、水平的にも分化するようになる。

(2) 垂直的な分化

　まず「**垂直的な分化**」から説明しよう。企業には長期的な経営戦略などを決定する取締役会がある。そして、この目標にしたがって日常業務を実施・執行する代表取締役のグループ（「最高経営会議」とか、「常務会」とも呼ばれる）がある。その下に生産、販売、財務、研究開発、情報システムなどの部門の部長がいる。しかも、その部門がいくつかの課に分かれ、複数の課長がいる。また、その下に係長・職長といったポジションもあり、さらに従業員が位置している。

　この垂直的な分化によると経営の階層は、**トップ・マネジメント**（最高経営者、社長と取締役）、**ミドル・マネジメント**（中間管理者、部長や課長）、**ロアー・マネジメント**（下級管理者、係長・職長、現場の監督者やリーダー）に分かれる。

(3) 水平的な分化

　企業の大規模化にともなって、経営は「**水平的な分化**」をも行なう。具体的には、①製品の品質を良くしたり、コストを抑える努力をする生産管理、②効率よく販売するためのマーケティング部門、③資金を調達したり、効率的に運用する財務管理、④製品開発を担当する研究開発管理、⑤情報管理にたずさわる情報システムなど、仕事の内容に応じて分化が進み、いろいろな部門が編成される。

　この水平的分化は、そのもとでさらに分化する。生産や販売部門を中心に考えると、メインの製造や販売の仕事のほかに原料購入の支払いや商品の売上計算、購買先や売り手先の調査、製品の検査やクレーム処理などの消費者対応、その他の職能に細分化される。これは、「**第二次の水平的な分化**」といわれる。

NOTE

(4) 組織の構造

このように、企業組織はふたつの分化の組みあわせでつくられる。「組織図」とは、このような分化からなる組織の構造を示している。そして、垂直的な分化は企業組織に階層をつくる「階層分化」、水平的な分化は各種の職能部門をつくる「職能分化」ともいわれる。

このうちの階層分化については、73頁の(6)の下にある(b)のふたつの図表を見てほしい。そこでは「**統制の幅（スパン・オブ・コントロール）**」という原則がとりあげられているが、それは上司が効果的に監督できる部下の数には、ある一定の限界があり、あまり多くなると統制が困難になるという。従業員の数を同じと仮定すれば、部下を少なくすると、階層数の多いトールな（背の高い）ピラミッド型組織になり、逆に部下の数を多くすると、フラット型の（背の低い）組織がつくられる。

部下の数が少ない上司は仕事を委任した部下を厳格に監視できるが、部下が増えると、どうしてもゆるやかに統制せざるをえなくなる。他方、部下が少ないと、ひとりひとりの部下に委任される仕事の質量が多くなるので、部下も自分の下にさらに階層をつくって人を配置し、仕事を分担させることになる。これに対して、部下が多くなると、分担される仕事は少なくなるので、さらに委任をする必要はなくなる。

3 組織の基本タイプ

組織の基本タイプとして、ライン（直系）組織、ファンクショナル（職能）組織、ライン・アンド・スタッフ組織がある。

(1) ライン（直系）組織

軍隊に起源があるので、「**軍隊組織**」ともいわれ、上位から下位の階層に至るまで「**命令一元化の原則**」がつらぬかれる。組織のメンバーは、直属の上司の命令のみにしたがい、その上司に対して報告する。この組織の長所としては、指揮・命令系統および権限・責任関係が明確である。短所としては、①命令が上から下（「**トップ・ダウン**」ともいう）に流れても、下から上への情報は流れにくい。②小規模な組織では命令は直接口頭で伝達されるが、大規模な組織では命令の伝達と情報の獲得は文書で行なわれるので、手続きが繁雑になる。③上司は、部下のすべての質問や要求にも対応しなければならず、上司の負担が重くなる。

(2) ファンクショナル（職能）組織

ライン組織の短所を補うために、テイラー（F. W. Taylor）が開発したこの組織は、「**専門化（分業）の原則**」をとり入れている。図表7-1のように、従業員は直属のひ

図表7-1　ファンクショナル組織

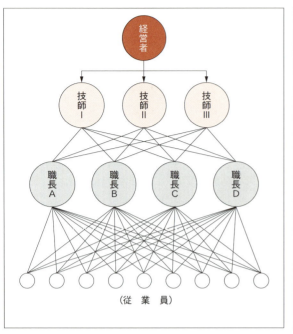

（従業員）

図表7-2　ライン・アンド・スタッフ組織

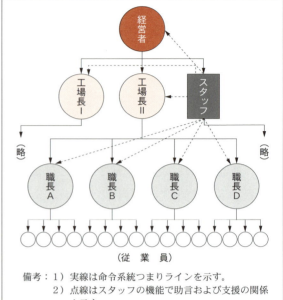

（従業員）

備考：1）実線は命令系統つまりラインを示す。
　　　2）点線はスタッフの機能で助言および支援の関係
　　　　　を示す。

とりの上司からではなく、専門的な熟練や知識をもつA、B、C、Dという上司から、それぞれの職能に関する命令や指揮を受ける。この組織の長所は、専門化の原則にしたがい、上司が各自の技能や知識の立場から指導・命令するので、部下にベストの命令と教育訓練を与えることができる。しかし、複数の上司がひとりの部下に命令するので、重複や矛盾が生じ、「命令一元化の原則」が守れなくなる。

(3) ライン・アンド・スタッフ組織

命令一元化と専門化の原則は、矛盾する原則であるが、これを同時に生かすのが、ライン・アンド・スタッフ組織である。図表7-2のように、基本的にはライン組織の原則に立ち、ラインマネジャーとスタッフ職の権限と責任を区別し、スタッフはライン系統に対して命令権をもたず、単に助言や支援ができるだけである。要するに、スタッフはスポーツ・チームのコーチであり、ラインとなる上司（監督）と部下（選手）をサポートする役割を果たすことになる。

4　大企業の組織

(1) 職能別組織

この組織は単一の製品や類似の製品を製造・販売している企業で採用されるもの

で、基本的に生産、販売、購買、財務などのライン部門と情報システム、人事、研究開発などのスタッフ部門からなっている。

この組織には、各部門間で密接な調整が必要なので、社長と役員、社長と各部門の長の合議によって行なわれる。調整は社長を中心とする経営者によって上からほぼ集権的に行なわれるので、「**集権的な組織**」ともいわれる。企業が大きく成長し、しかも製造・販売する商品の種類が拡大し多角化するようになると、あまり導入されなくなる。

(2) 事業部制組織

企業が成長や拡大の戦略をとり、事業が多角化するようになると、主要な製品群や活動地域などを基準とする**事業部制組織**が採用される。

①**製品別や地域別の部門化** ── 製品別事業部別は独自の製品と市場をもっている。しかも、原料の仕入れ、製造、販売を合理的に行なうのに必要な権限が事業部長にあたえられる。そして地域別事業部制は、たとえば東日本、中日本、西日本などといった主要な活動地域別に編成される。

②**利益責任単位制（プロフィット・センター）** ── 各事業部は利益を生み、計算・管理する独立した単位である。そのため、各事業部は、より多くの利益を得るために競争し、同じ企業内の他の事業部から材料や部品を購入する場合には、コスト（原価）にも責任をもっているので、経済原則にしたがって取引する。そこで、他の事業部から不利な内部取引（安い価格での部品提供）を要求されたときは、これを拒否できる権利（「忌避宣言権」という）が認められている。

③**本社の権限と事業部の権限** ── 本社が全社的な経営戦略を策定し、事業部はこれを実施するので、両者の権限は明確に異なっている。具体的には本社は各事業部からの計画を基礎に企業全体の長期・短期の経営計画を決定し、それにもとづいて各事業部の投資利益率、売上目標を指示し、期間ごとの業績評価を行なう。

本社は、各事業部の設備投資計画の決定権や各事業部長などの人事権をもち、全社的観点から事業部を管理するが、各事業部は、担当する製品群の枠内で自律的に業務を行なう。事業部は、取扱製品については改良するが、本格的な研究開発や新製品開発の決定については本社が行なう。このように、事業部の経営については事業部長に一定の権限と責任を与えているので、「**分権的な組織**」ともいわれる。

(3) 社内カンパニー制の誕生

事業部制組織を発展させ、「**カンパニー制**」を採用する企業もある。これは、事業多角化の範囲と事業部の規模が拡大したため、関連するいくつかの事業部を統合し

「社内カンパニー」（擬似会社）を非公式に設置し、擬似社長に責任（部分的に投資決定権、目標利益率の決定など）を持たせ、社内資本金の設定を許可し、独自の貸借対照表と損益計算書を作成させた。しかし、これは、本社のもつ全社的経営戦略機能を弱めるために行なわれたが、本来の事業部制からのいきすぎであった。

5　ICT化とネットワーク型組織への転換

今日、ICT化の急速な進展とともに、社会のすみずみに**コンピュータ・ネットワーク**が広がり、企業組織のあり方も大きく変りつつある。オフィス部門を中心に、ほとんどの人がパソコンを操作しながら世界的規模で広がったコンピュータ・ネットワークのなかで仕事をしている。

そこでは、企業経営に必要とされる膨大な情報が多くの人びとに共有され、リアルタイムに処理され、伝達され、企業活動を推進している。

オフィス部門で働く人びとは「**テレワーク**」と称して、自宅で仕事を遂行する在宅勤務は珍しくない。この働き方では「仕事と家庭の両立」や「**ワーク・ライフ・バランス**」が可能になるので、働く側も歓迎している。

こうした働く側の自律性・自主性に任せる裁量労働制が普及するなかで、自分で判断し意思決定し行動できる「自律型人材」が求められている。

その結果、これまでのようにピラミッド型組織のトップから一元的・画一的に働く人びとを統制するのではなく、彼らの自律性・自主性を尊重して企業活動を遂行する、「**逆ピラミッド型組織**」の考えも広がっている。さらに、その延長線上において、**ネットワーク型組織**（73頁参照）も登場しつつある。そこでは働く人びとが作業の仕方を決め、経営者は彼らをサポートし、激励する役割をもっている。

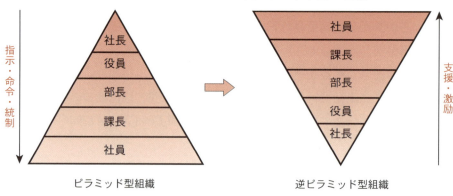

図表7-3　ピラミッド型と逆ピラミッド型の組織

〈Chapter 7〉 やってみよう（*Let's challenge*）

(1) 本章の講義を聴いてあなたが学習したことを記してみよう。

(2) 以上の内容を5行以内で要約してみよう。

(3) 前記の要約のなかで重要なキーワードは何ですか？ 列挙してみよう。

〈Chapter 7〉　　　　　　　やってみよう（Let's challenge）

(4) 理解できましたか？　つぎの言葉の意味を記してください。

　① 「計画」、「実施」、「統制」

　② 分権的な組織

　③ 社内カンパニー制

(5) 考えてみよう。逆ピラミッド型組織のメリットとはなんでしょうか。また、どのような企業に適用できると思いますか。

(6) つぎの図表から、どのようなことが言えるか、記してみよう。

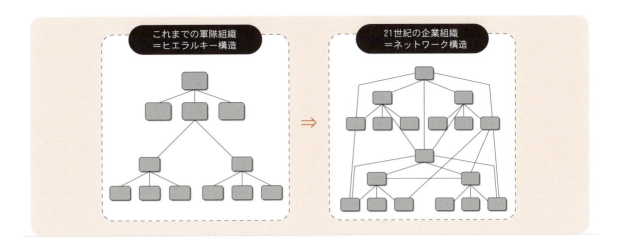

(a) 小規模企業の組織

1人企業から少数の従業員を雇用する段階 ⇒ 「統制の幅」を克服する段階（従業員の増加による階層化）

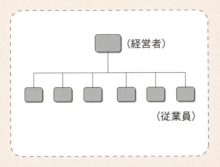
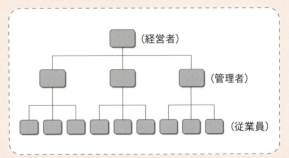

● 従業員数がさらに多くなると、水平的な分化と垂直的な分化が進むことになる。

(b) 統制の幅と階層の関係

部下2名の場合（ピラミッド型の組織）　　部下5名の場合（フラット型の組織）

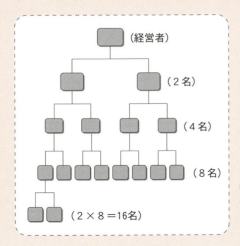
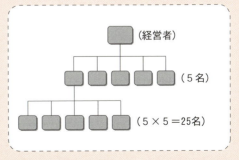

● 従業員数はいずれも30名であるが、部下の数を減らすと階層数は多くなり、部下の数を増やすと階層数は少なくなる。

⟨Chapter 7⟩　　　やってみよう（Let's challenge）

(7) (　　　　　　　　　　　　　　　　　　　　　)について調べてみよう。

Chapter 8

情報と意思決定は企業の組織をどのように動かしているのか

《本章のねらい》 本章は、経営において重要性が増している情報の管理について学習する。本章を学習すると、つぎの点が理解できるようになる。①企業活動における情報の役割、②意思決定が、情報収集、設計、代替案の選択の3つの活動から構成されていること、③意思決定重視の考え方の特徴、④情報システムの枠組み、⑤インターネット・ビジネスの発展

1 企業活動と意思決定の意味

(1) 企業活動と情報

あるメーカーが製品を開発・製造し、販売する場合、どのような顧客を対象にどのようなものをつくり、売りだすかを考えなければならないが、そのさい、**市場調査**や需要予測を実施し、データとか情報を集める必要がある。

具体的に、製品開発の部門は、販売部門と直接情報を交換しながら、顧客のニーズを集め、製品の内容を決定する。これが決定されると、今度は、工場の担当者と情報を交わしながら、適当な原材料、機械設備、製造技術者の有無などについての必要な情報を集め、どの資源を新たに購入するかを決定しなければならない。

さらに、銀行や部品の仕入先企業などの外部情報だけでなく、社内の工場設備の利用状況や資金ぐりの情報などを集め、第1章でも述べた**リターン**（**報酬**）が得られる活動ができるように**意思決定**していかなければならない。このような**情報**の収集は、ほかの**経営資源**と同じく非常に重要である。

(2) 意思決定の重要性

ヒト、モノ、カネは、開発・製造・販売する製品を決定した後に必要になってくるので、どの製品にするかを決定することが、もっと重要である。なぜなら、その製品が売れるかどうかでリターンの大きさが決まるからである。このような最良の計画を立案するために必要な情報の設計と意思決定の問題は、経営学では「**近代派**」といわれる人びとが中心的にとりあつかってきた。ヒト、モノ、カネのほかに、情報や**意思決定**の重要性を主張したのは、**サイモン**（H. A. Simon）である。彼は、意思決定の重

要性を指摘したが、それは製品やサービスをつくるという活動つまり**実施**の前に、なにをつくるかの決定過程を考察するほうが大切であることを意味している。

(3) 意思決定のステップ

サイモンによると、経営者や管理者の行なう**意思決定**は、以下の4つの過程からなっている。

第1のステップは、「**情報活動**」といわれ、意思決定を行なうのに必要となる条件をみきわめるために、企業をとりまく環境を調査し、情報を収集し、そのなかから問題を発見する必要がある。そして、第2のステップは、集めた情報の「**設計活動**」と呼ばれ、問題の解決にはどのような方法があるかについて、考えられるいろいろな案（代替案）を発見し、開発する活動である。

第3のステップは、「**選択活動**」と呼ばれ、使えそうな代替案のなかから、あるひとつの案を選択する活動である。さらに、第4のステップは、「**再検討活動**」と呼ばれ、過去に行なってきた選択を見直してみる局面である。

最初の3つのステップをみると、企業のおかれた環境について情報を集め、分析を行なうので、第1の情報活動には多くの時間が必要とする。第2もいくつかの代替案を開発し、企画するので、多くの時間を必要とする。しかし、第3の選択には、一瞬の時間しかかからないが、その影響力は大きい。

2 意思決定重視の考え方

(1) 伝統派の考え方

ヒト、モノ、カネのほかに、情報を加えて、**意思決定の過程**を分析する理論は、前述したように「**近代派**」といわれてきた。それまでの「**伝統派**」においては、人間関係は、部長や課長であれ、一般の従業員であれ、組織図に示された地位（職務・職能）とそれに付随する権限と責任の関係のなかにみられてきた。

そこでは、上司は、いつも部下に命令を行ない、監督し、部下に仕事を実施させるという関係である。さらに、部下は、上司から指示されなければ働かないし、金銭的な刺激がなければ仕事をしないという受け身的な「**機械的な人間観**」が前提とされていた。この人間観については、第13章の経済人モデルも参照されたい。こうした考えに疑問を投げかけたのが、**バーナード**（C. I. Barnard）と前述したサイモンである。

(2) 近代派の考え方

バーナードは、企業組織がうまく活動するためには、組織に参加する上司も部下も共通の目的にむかって意思決定することが大切であり、それが「生きた組織」であ

ると考えた。そのためには、すべてのメンバーは、それぞれの役割にもとづき、他のメンバーと良好なコミュニケーションを保持しながら、自分たちの認める共通の目的を達成するための手段や方法を決定しなければならない。

サイモンは、経営活動の過程には、意思決定とその**実施（行為）**のふたつがあるが、伝統派は、前者の問題を認識してこなかったと批判し、経営学の中心課題は意思決定であるとした。この場合、意思決定するのは、かならずしも、経営者や上司といわれる人間だけでない。前述したが、組織に関与する全員が意思決定をしているという。

近代派では、組織のメンバーである働く人びとは、自発的に行動できるという「**有機的な人間観**」を前提としており、組織とは、このような自主的にものごとを決定することができる自律的な人間の集団であると考えている。

3 意思決定のタイプ

(1) プログラム化の意味

製品を直接生産しないホワイト・カラーが働くオフィスは、「**情報処理の工場**」である。経営者や管理者の任務には、自分で意思決定するだけでなく、部下が効果的に意思決定しているかを監督することも含まれる。

すなわち、意思決定の過程では、上司は、情報活動、設計活動においても部下と共同で活動し、これらの活動を通じて計画が確実に実施できるかどうかを検討する。これを「**プログラム化**」という。それは、複雑な環境のなかで発生する種々の課題に対処するために企業がつくりあげている「**詳細な実施計画**」のことである。

(2) 意思決定のプログラム化の可能性

サイモンは、コンピュータの計算により「**プログラム化できる（定型的）意思決定**」と、依然として人間の勘や頭脳に頼らなければならない「**プログラム化できない（非定型的）意思決定**」を区別する。しかし、この両者の区別は、現実にははっきりしたものではない。一方の極に、高度のプログラム化できる意思決定がある。そして、他方の極に高度にプログラム化できない意思決定があるが、現実の意思決定はこの両者の中間にあるからである。

プログラム化しやすい経営のことがらとは、ある特定の問題がくり返して発生し、しかもその解決の手段がすでにつくられているケースにみられる。つまり、比較的簡単で、反復性があり、日常よく発生する、つまり頻発性の高い「**ルーチン的な意思決定**」は、プログラム化しやすいものである。

それに対して、その決定が、まれにしか起こらず、しかも重要かつ複雑な問題についての決定は、プログラム化しにくくなる。なぜならば、そのような事態は、これまで生じたことがなく、さらにその問題の構造がとらえにくく、複雑なので、それをとり扱う方法がまだ決まっていないからである。

しかし、現代のデータサイエンスや AI（人工知能）などの発展によって、複雑な構造をもった意思決定も、プログラム化できるだけでなく、無関係に見える情報間の相互作用も明らかになっていく。そして、それを研究するのが「**意思決定の科学**」（意思決定のコンピュータ化）やデータ・サイエンスである。

4 経営のシステムと情報システム

(1) 3つの経営システム

アンソニー（R. N. Anthony）は、組織について、「**構造の分析**」（解剖学）と「**機能の分析**」（生理学）があるとし、これに関連させて、システムとプロセスという言葉を区別した。彼によると、組織の構造を説明するのに役立つのが**システム**であり、これに対して組織がどのようにはたらき、機能するかが**プロセス**であるという。もっとも、システムがなければ、プロセスもないことになる。

さらに、アンソニーは、経営（マネジメント）のサイクルのなかで計画（プラン）と統制（シー）は根本的にちがうという主張に反対している。なぜならば、活動の修正を行う統制は、いくつかの考えられる修正案から選択するからである。

企業のなかには、ふたつの異なったタイプの計画活動がある。ひとつは、「**方針や目標の設定**」など、経営者の策定する計画である。もうひとつは、統制プロセスに関連する計画であり、「**日常的な管理**」といわれるものである。このふたつの計画では、情報を集め、設計するという過程は、よく似ている。しかし、実際の仕事や業務の内容は異なっているので、その手順や原則はまったく違っている。

経営者による計画は、「**戦略的計画**」といわれ、日常的管理に関する計画は、「**マネジメント・コントロール**」といわれる。さらに、日常的管理も、経営者の活動と、特定の現場の仕事を遂行する活動とに分けられ、後者のほうを「**オペレーショナル・コントロール**」と呼んでいる。そこで、大企業では戦略的計画は、経営者によって担当され、マネジメント・コントロールのほうは経営者のもとで活動するスタッフや中間管理者によって行なわれる。

この3つの経営システムをもう少し説明すると、つぎのようになる。

①「**戦略的計画**」── 企業の目標とその達成に用いられる経営資源を決定するこ

とである（第6章も参照されたい）。さらに、これらの資源の取得・使用・処分の方法についての方針を決定するプロセスである。

この場合、「目標」とは企業全体の使命であり、これに対して「方針」とはこの目標達成のためのもっとも適切な行動の順序を選択できる指針のことである。

②「マネジメント・コントロール」―― 企業の目標達成のために経営資源を効果的かつ能率的に取得し、使用するプロセスのことである。このプロセスには、マネジャーは部下と一緒に仕事（協働）をするさいに、仕事を部下に委任すること、戦略的計画において決まった目標と方針を実現すること、企業目標の達成基準である「**有効性**」（効果性）や従業員の動機満足の基準である「**能率**」のふたつにもとづいて実現した結果を評価すること、の3つの特徴が必要になる。

③「オペレーショナル・コントロール」―― 特定の現場の仕事を効果的かつ能率的に遂行できるようにするプロセスである。このプロセスの特徴は、特定製品を自社で加工するか、それとも他社に発注するかが問題になること、課題が明確に決まっているので、処理方法が確定されており、判断を必要としないこと、である。

(2) 情報システムの枠組み

ゴーリー（G. A. Gorry）とスコット・モートン（M. S. Scott Morton）は、プログラム化できる意思決定を「**構造化された意思決定**」、プログラム化できない意思決定を「**構造化されていない意思決定**」と呼び、その中間的なものを「**準構造的意思決定**」としている。

図表8-1　情報システムの枠組み

	オペレーショナル・コントロール	マネジメント・コントロール	戦略的計画
構造的	売掛金処理 受注処理 在庫管理	予算分析 （技術的コスト） 短期予測	倉庫・工場立地
準構造的	生産スケジューリング 現金管理	差異分析 （総合予算）	合併・買収 新製品計画
非構造的	パート・コスト・システム	予算編成 販売・生産	研究開発計画

出所：G. A. Gorry, M. S. Scott Morton, "A Framework for Management Information System," in: *Sloan Management Review,* Vol. 13, No.1, p.59.
参照：遠山曉『現代経営情報システムの研究』日科技連、1998年、14頁。

ふたりは、アンソニーの経営のシステムとこの３つの意思決定とを関連づけて、図表８−１のような枠組みを示している。縦軸の上段にある構造的な意思決定の事例は、マネジャーの判断を必要としないルーチン的なものである。ここでは、MIS（**経営情報システム**）が利用される。それは、とくにオペレーショナル・コントロールにある売掛金処理、受注処理、在庫管理に利用される。

　それに対して、中段の「準構造的」と下段の「構造化されない」意思決定の領域を支援する情報システムは、「**意思決定支援システム**」（デシジョン・サポート・システム、DSS）といわれる。

5 発展するインターネット・ビジネスのインパクト

（1）インターネット・コミュニケーションの展開

　これまで学習してきた情報管理や情報システムとは、ヒト、モノ、カネという経営資源に並ぶ情報の管理である。それは、あくまでも製造過程、業務管理、さらには意思決定に利用して、**コスト**を安くするとか、製品の品質の改善に寄与するといったことが想定されていた。

　しかし、最近のコンピュータを用いてのインターネットや電子メールによるICTの発展は、きわめて広範な影響力をもち、第１章で述べた生活者のライフスタイルを変革するだけでなく、企業内部の活動の改善ではなく、新しいビジネスの展開や社会システムの変革に結びつくものとして、注目されている。

（2）インターネット・ビジネスの飛躍的な発展

　消費者がインターネットを利用して、飛行機の切符の予約をすると、25％安く買えるとか、特定の証券会社を通じて株式売買すると、手数料が安くなるとか、電子取引をする書店に注文すると、書籍が早く届けられるようになっている。企業はインターネットの利用により、生活者に「新たな生活提案」を行い、これまでとは異なるライフスタイルが生まれている。

　このような取引は、「**インターネット・ビジネス**」といわれ、急激に発展している。たとえば、アマゾンは有名であるが、専門書を購入する場合、物流機構の発展を利用したインターネット通販が展開されている。

　書籍以外にも、インターネットを利用したビジネスが多くの領域でグローバルに行なわれている。現代は、まさに「**ICTの時代**」である。たとえば、いずれ役所へ行かずに住民票などの各種証明書を自宅から取り寄せることができるようになるであろう。

NOTE

〈Chapter 8〉　やってみよう（*Let's challenge*）

(1)　本章の講義を聴いてあなたが学習したことを記してみよう。

(2)　以上の内容を5行以内で要約してみよう。

(3)　前記の要約のなかで重要なキーワードは何ですか？　列挙してみよう。

〈Chapter 8〉　　　　　　やってみよう（Let's challenge）

(4) 理解できましたか？　つぎの言葉の意味を記してください。

　① 意思決定のプロセス

　② プログラム化できる意思決定

　③ インターネットビジネス

(5) 考えてみよう。なぜ企業にとって意思決定が大切なのでしょうか。

(6) つぎの情報から、どのようなことが言えるか、記してみよう。

ユニクロのICタグ

　ICタグは、1ミリ以下の超極細の無線ICチップのことで、自動的にモノを識別するのに利用されるが、ユニクロが2017年から1年かけて国内外にある約2,000店の全商品にICタグをつける計画である。
　来店顧客のレジでの待ち時間を少なくし、在庫管理を一瞬のうちにできるので、欠品を補うのに役立つとともに、レジの時間を短縮でき、担当者を店内の接客サービスの向上にふり向けることができる。
　AI（人工知能）も利用しており、数量、サイズ、色などのデータのほか、商品への顧客アクセス情報（手にとったかどうかなど）も入手できる。そこで、商品の売れ具合や在庫がスピーディにわかるので、ICタグによる情報システムは、個々の店舗の運営だけでなく、ユニクロの全社的な意思決定に役立つことになる。

⟨Chapter 8⟩　　　　やってみよう（Let's challenge）

(7)　(　　　　　　　　　　　　　　　　　　　　　　　)について調べてみよう。

Chapter 9

企業はどのように競争しあい、そして互いに協力しあっているのか

《本章のねらい》 どのような業界でも、企業は同業他社と激しく競争しているが、しかしビジネスの世界は、ただの弱肉強食の世界ではない。企業は、一方ではきびしく競争しつつ、他方では互いに協力しあい、助けあう。「右手で握手しながら、左手ではローブロー（すれすれのところで）激しく打ちあう」のが、企業競争の実態である。本章では、企業の「競争と協調の戦略」に焦点を当てる。

本章を学習すると、次のようなことが理解できるようになる。①企業が必要としている3つの基本戦略、②市場での企業力による企業の格づけ、③格づけに応じた戦略、④良い競争相手の必要性、⑤企業競争での「時間」の重要性

1 企業のとる競争戦略のタイプ

（1） 競争のための基本戦略

どのような企業でも必要としている基本的な**競争戦略**は、**ポーター**（M. Porter）によると①差別化、②コスト・リーダーシップ、③集中、の3つである。

差別化は、市場全体を相手に、顧客から自社の「特異性」を認められるために行なう戦略である。それは、自社独自の製品の品質やスタイルを創りだし、**ブランド**を確立して競争上の優位性、つまり自社の強みを確保しようとする戦略である。

図表9-1 競争の基本戦略

出所：Porter, M.『競争戦略』、1980。

コスト・リーダーシップは、市場全体を相手に低コストの地位を確立し、価格面での競争でリーダーシップを握り、自社の強みを確保しようとする戦略である。

　集中は、特定の顧客を対象にして、製品の独自性か、値段の安さで、競争上の優位性を確保しようとする戦略である。

(2) 企業力による格づけ

　業界でひしめきあい、激しく競争している企業は、企業の競争力や保有する経営資源の優劣などの総合的な力（いわゆる「企業力」）によって、リーダー企業、チャレンジャー企業、ニッチャー企業、フォロワー企業、という4つのタイプに**格づけ**される（大滝・他『経営戦略』有斐閣、1997年、第4章、などを参照）。

　リーダー企業とは、業界で**マーケット・シェア**第1位の企業であり、その保有する経営資源が質量ともに優れている企業である。

　チャレンジャー企業は、業界でシェア第2位から4位の企業であり、リーダー企業の座を虎視眈々（こしたんたん）と狙っている。しかし、チャレンジャー企業は、経営資源の量的な面では優れているが、質的にはリーダー企業よりも劣っており、ここが弱点である。

　ニッチャー企業は、リーダー企業のように、いろいろな製品を生産するという**フルライン政策**はあえてとらず、量的拡大もめざさず、独自の狭い市場（「ニッチ」という）で活動する企業である。その経営資源は質的には優れているが、量的にはチャレンジャー企業よりも劣っている。

　フォロワー企業は、ただちにリーダー企業の地位を狙わない、あるいは狙えない企業であり、その経営資源は質量ともに劣っている。

(3) 企業の「戦略定石」

　企業力によって格づけされた企業は、それぞれ固有の競争戦略の定石をもっている（嶋口充輝『統合マーケティング』日本経済新聞社、1986年、などを参照）。もともと定石とは、これまでの研究によって決まっている囲碁の打ち方を意味する。企業の**戦略定石**とは、企業が競争上の諸問題を処理する場合にとる「決まりきった方法」のことである。

　①**リーダー企業**の**戦略**定石には、周辺需要拡大戦略、同質化戦略、非価格対応戦略、最適シェア維持戦略、の4つがある。

　周辺需要拡大戦略は、市場そのものを大きくし、シェア獲得競争での他企業との対立を軽減させる。**同質化戦略**は、チャレンジャー企業がたえず仕掛けてくる製品差別化の攻勢に対して、それをすぐに模倣し、むしろ追随して、ライバル企業がめざす差別化の効果を失わせようとする。

NOTE

非価格対応戦略とは、ライバル企業は安売り競争を仕掛けてくるので、これに安売りで対抗すれば、売上高の大きいリーダー企業のほうが損失は大きいから、安売り攻勢に容易に応じない戦略である。**最適シェア維持戦略**とは、マーケット・シェアをとりすぎないように注意する戦略である。シェアをとりすぎれば、独占禁止法による規制の対象とされるようになるし、企業のトータル・コスト（総費用）も上昇するからである。

　②チャレンジャー企業の戦略定石は、攻撃戦略と逆手戦略である。**攻撃戦略**は、リーダー企業をたえず攻撃し続けることによって学習し（「組織学習」という）、自社の弱点を発見し、それを是正する。この是正を通じて、競争力の強化に役立つコア（中核）技術を開発しようとする。

　逆手戦略とは、リーダー企業が長年にわたって蓄積してきた資源や資産自体の強みの足を引っ張るようにする戦略である。新しい業態や販売方法を開発することで、リーダー企業はもっている不動産などの企業資産、系列販売店などの市場資産を維持しなければならなくなり、苦しむようになる。

　③ニッチャー企業の戦略定石は、特定の市場で独占に近いかたちをつくることである。リーダー企業といえども容易には手の出せない特殊技術や特許（知的所有権）でガードされた特定市場で、リーダー企業が行なうような戦略を展開する。すなわち、ニッチ市場での**ミニ・リーダー戦略**である。

　④フォロワー企業の戦略定石は、上位企業をまねる**模倣戦略**と**低価格戦略**である。新製品開発のための資金も技術もない弱小フォロワー企業は、上位企業が膨大な開発投資を行ない、やっと市場に登場させた苦心の製品をいち早く模倣して、利益を得ている。そして、安売り攻勢をかけ続けるためには経営コストを抑える必要がある。

2 協調のための戦略の必要性

(1) ライバルを大事にしよう！

　市場での激しい企業競争をみれば、企業はあたかも自分の利益しか考えない、「利己的遺伝子」の塊であるかのように思われる。しかし、それは錯覚である。本質的には利己的である人間個人とそのような人間の集団である企業や組織が、自身の利益をはかるためには、むしろ他者と協働したほうが得策であるということをはじめて証明したのが、有名な「**囚人のジレンマの理論**」である。

　かりに企業が市場競争で勝ち残り、めでたく市場を独占できたとしても、そこに待ち受けているのは、独占禁止法の適用である。場合によっては、高いペナルティを課

せられ、せっかく得た利益も吹っ飛ぶことになる。また、競争相手がいなくなれば、企業から緊張感が消え失せ、いつの間にか、高コストの企業体質になる。

企業はライバルと競いあうことで、はじめて競争力を強化し、市場での競争的地位を強化することができる。**ライバル企業**が存在してくれれば、需要減退期の悪影響をひとりでかぶることもないし、自社独自の製品やサービスの特異性も強調でき、差別化の効果を引きだすこともできる。

さらに、市場や製品の開発コストを分担しあうことができるので、そのコストを節約できる。このように、企業にとっては、市場での独り勝ちよりも、ライバルと共生するほうが有利になる（高橋伸夫編『超企業・組織論』有斐閣、2000年、第Ⅱ部「競争と協調」、第5〜8章を参照）。

したがって、企業はライバル企業に、自社の大事な技術を提供して市場への参入を促したり、利益率のあまり良くない市場からは撤退して一定のマーケット・シェアをライバル企業に提供することもある。あるいは、**OEM**を提供して、ライバル企業の経営を助けることもある。いずれも、良い競争相手を招き入れ、育成し、それによってみずからも成長しようとする戦略である。

(2) 外部資源の戦略的利用

企業活動を展開するには、さまざまな経営資源が必要であるが、これらの資源を自力でまかなうのは非常に効率が悪い。なぜなら、技術革新が非常に激しい半導体生産などの分野では、**限界投資金額**が急上昇しており、企業の開発投資はすぐに**サンクコスト**（埋没原価）になってしまうリスクが非常に高いからである。

そこで、企業は他企業のもつ**経営資源**を積極的に活用する戦略を練る（第6章の3.も参照）。たとえば、企業提携や共同開発、ライセンス交換、OEMといった**協調戦略**である。また、近年、DVDに関して**デファクト・スタンダード**（業界標準）のからむ競争が展開されているが、このような場合には、自社陣営に参加する企業（「**ファミリー企業**」という）をすばやく増やすことが重要である。かつてのVHS対ベータの**ビデオ戦争**では、VHS陣営にビクター、松下など、ベータ陣営にはソニー、東芝などに業界が別れて規格対立の「戦争」が展開されたが、最終的にはVHS勝利で幕を閉じた。

ファミリー企業に囲い込むために、企業は**製品のライフサイクル**（PLC）の導入期（第10章の図10-1）からでも、OEMを戦略的に利用する。自動車や家電などの成熟産業の場合でも、外部資源の戦略的利用のために、OEMの活用が積極的にはかられている。

NOTE

3 グローバル時代の時間をめぐる競争

(1) タイムベースの競争

グローバル時代の企業競争の核心は、新しい技術や製品の開発にある。この**開発競争**は、開発に着手してから新技術が確立されるまでの、あるいは新製品が顧客の手に渡るまでの「絶対的な時間の早さ」の競争である。同業他社よりもいっこくも早く新技術の特許をとり、新製品を市場に投入する**発売競争**である。このように、企業競争は時間をめぐって行なわれる。それを「**タイムベースの競争**」という。

タイムベースの競争の例としてよくとりあげられるのは、新製品開発の進め方についての日米比較である（竹内・野中「新たな新製品開発競争」『ダイヤモンド・ハーバード・ビジネス』、1986年）。

アメリカ企業の製品開発は、徒競走のリレーのように、開発の諸段階を順番にひとつずつこなして、目標に到達しようとする。これに対して、日本企業の製品開発はラグビーのように、開始と同時に皆がいっせいに走り出してトライをあげようとする。

前者は無駄の少ない、合理的な開発方法であるのに対して、後者の密集戦はたしかに無駄が多いが、開発にとりかかってから結果が出るまでの時間（「**リードタイム**」）という点からすれば、後者の開発方法のほうが優れている。この日本式の開発方法は、コスト的には不利だが、企業間のタイムベース競争にはむいている。

(2) 先発の優位性

たとえば、開発費の増加と開発期間の遅延のどちらをとるか、という問題を投げかけられた時、経営者はどうするか。海外のある有力な調査会社の調査によると、開発費の増加よりも開発期間の遅延のほうが、損害は大きい。また、日本の代表的な研究所の調査によると、業界で最初に発売された製品ブランドはシェア第1位をとりやすい。そこで、まずは製品を市場に投入し、オピニオン・リーダー役である**リード・ユーザー**の厳しい評価を受けながら、製品を改良していくのが得策である。したがって、「早さ」は強みになる。

製品やサービスの利用者数がふえるにしたがって、個々の使用者が受ける便益が良くなっていくことを「**製品・サービスのネットワーク外部性**」という。このような性質を持つ製品やサービスの場合には、同業者が協力しあって、できるだけ早く、このような効果を発揮できる水準に到達するのが得策である。もっとも、ここまでは「協調戦略」で、そしてこの一線を超えたら、今度は一転してたたきあいの「競争戦略」にのめり込むのである。

（3） 早さの効果

このように、**時間短縮競争**の効果は非常に大きい。まず、ビジネス・チャンス（商機）が限られているような製品の場合には、販売上の機会損失（**売り損じ**）が減少し、売上高が増大する。また、先行して顧客を囲い込めば、利益率が上昇する。

顧客はだれでも低価格だけを期待しているわけではない。また、品質の良い製品だけが売れるわけでもない。とくに、技術者の立場から見て良い製品が売れるのでもない。それらは、作り手や売り手側の「勝手な思い込み」である。顧客が買うのは、品質や値段、サービスなどで、自分が気に入ったものだけである。かりに価格が高くても、すばやいサービスの提供は、顧客に受け入れられるのである。

なにが売れるかは、はじめから決まっているのではない。タイミングを見計らって、売れ筋をつくりだしていくのが、重要である。したがって、早くから製品を完成させてしまわず、顧客の動向を見て、まっさきに製品を完成させるようなモノづくりの方法を考案することが必要となる。これもまた、タイムベースの競争である。

研究開発や**マーケティング**だけではなく、製造現場でのモノづくりのレベルでも、時間という要素は非常に重要である。本章の冒頭で見たように、企業がとる競争戦略のひとつは業界でコスト面でのリーダーシップを握ることである。どうすれば、同業他社よりも製品原価を引き下げ、**コスト**面での優位性をとれるのか。

ある実証研究によると、製造をはじめてからの生産量の総計（「**累積生産量**」という）が倍増するごとに、製品単位当りのコストは約30％低減する。たとえば、ある製品をつくりはじめてから100個つくった時点で、1個当りの製造原価が100円であったとしよう。それからさらにその製品をつくり続けて、倍の200個つくったとき、製品原価はいくらになっているかというと、約30％減の70円になっている。さらに倍増の400個造った時には、原価は21円下がって、1個当り49円になっている。

このように、累積生産量が倍増するごとに、製品単位当りの原価は急速に低減してゆく。なぜ、このようなメリットがもたらされるのか。それは、モノづくりを多く手がけることによって従業員が作業に習熟して生産能率が上がり、また工程などの改善や工夫が行なわれるからである。

このような法則性に注目すれば、目先の利益を考えるよりも、ライバルよりも少しでも早く累積生産量を増やし、製品原価を引き下げてコスト優位性を確立するのが重要であるということになる。これは、**モノづくり**、製造面での厳しいタイムベース競争である。

⟨Chapter 9⟩ やってみよう（*Let's challenge*）

(1) 本章の講義を聴いてあなたが学習したことを記してみよう。

(2) 以上の内容を5行以内で要約してみよう。

(3) 前記の要約のなかで重要なキーワードは何ですか？ 列挙してみよう。

〈Chapter 9〉　　　　　　　やってみよう（Let's challenge）

(4) 理解できましたか？　つぎの言葉の意味を記してください。

　　① 戦略定石

　　② OEM

　　③ ファミリー企業

(5) 考えてみよう。なぜ企業は競争相手と仲良くしようとするのですか。

(6) つぎの図表の情報から、どのようなことが言えるか、記してみよう。

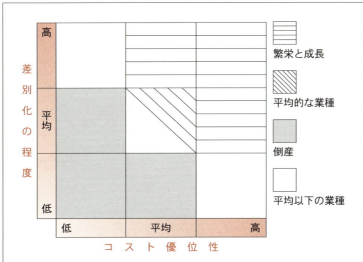

競争戦略と企業業績

出所：Hall, W. K.「敵対的環境のもとでの生き残り戦略」『ハーバード・ビジネス・レビュー』、1980。

⟨Chapter 9⟩　　　　　やってみよう (Let's challenge)

(7) (　　　　　　　　　　　　　　　　　　　　　) について調べてみよう。

Part 3

現代企業を動かす経営資源

Chapter 10
企業はどのようにして製品やサービスを販売するのか

《本章のねらい》 本章では、企業のアウトプットとなる製品やサービスをどのようにして販売するのかをとり扱う。販売活動（セールス）とは、企業と消費者とが直接接触する接点であり、消費者が一番よく企業を実感できる活動である。
　本章を学習すると、以下のことが理解できるようになる。①企業の行なう販売活動の意味、②マーケティングという考え方と構成要素としての「４Ｐ」、③マーケティングと経営戦略との関係、④CSR を重視したマーケティングのあり方

1　消費者との直接的な接点

（1）　販売活動（セールス）の意味

　企業は良質なものをつくったとしても、消費者に買ってもらわないと、リターンとしての売上高をあげることができない。企業は製品やサービスを開発・製造し、販売するために、**コスト**（**原価**、**費用**）を払っている。そこで、このコストを上回る売上高をあげないと、活動を続けることができなくなる。
　ここに、「販売活動」の意味があり、企業は消費者に購入してもらうような積極的な活動を行なう必要がある。しかも、同じような製品やサービスをつくっている企業との競争も激しいので、この活動はどうしても行なわなければならない。

（2）　消費者との関係

　製品やサービスを販売するための活動とは、企業が消費者に直接かかわる接点、つまり"インターフェイス（接触面）"となる。それは、製品やサービスの購買を通じて消費者が企業を認識できる場面でもある。
　もっとも、両者の関係は大きく変化してきた。企業の数が少なく、つくる製品やサービスの種類も量も生活者のニーズを満たすことができないモノが不足していた時代には、"つくるものは売れる"ので、企業は消費者に対して優位の立場にあり、"売ってやる"というような強い姿勢をとることができた。
　しかし、このような高圧的な姿勢は**大量生産**（マス・プロダクション）が実現することで終りを告げる。大量生産が確立すると、大量のものを安い価格でつくりだすこ

とが実現するようになる。しかも、企業どうしの競争も激しくなり、企業はいろいろな製品やサービスを開発し、商品化する。

かくして、消費者の側からすると、多くの種類や類似の製品やサービスが大量に提供される状況になっているので、そのなかから自分のニーズに合ったものを購入できるようになった。そこでは、企業や製品のほうが消費者から選ばれる立場に逆転したのである。

(3) 流通業者の介在と変化

製品やサービスをつくった企業が直接消費者に売りこむ場合も多いが、**流通業者**を介して販売することも行なわれてきた。生産活動だけを行ない、販売を流通業者（卸売業者と小売業者）にまかせているメーカーもあり、メーカーから消費者までの間にいくつかの流通業者が介在してきた。

現在では、第8章でも述べたが、ICT の進展によってインターネットを使って広告と販売を行なうメーカーや流通業者も多く、その販売額のウェイトは大きくなっている。"リアル"の店舗を使わずに、ネット販売を利用する生活者が増えており、リアルの小売業者の位置が変ってきている。

(4) 消費財メーカーの広告活動

「**販売促進**」（販促、セールス・プロモーション）のなかで、広告活動は**セールス・パーソン**（営業部員）の活動とともに、とくに重要である。広告活動にはポスター・チラシ・新聞、雑誌、テレビなどのほか、成長のめざましいインターネットなどの媒体がある。

別のいい方をすると、一般消費財の場合、大メーカーが効果的な広告活動を行なうならば、**小売業者**（コンビニ（エンス・ストア）、スーパーマーケット、百貨店、専門店などの**業態**、零細小売店など）の売りこみの仕事は軽減される。消費者はこの大メーカーの CM（テレビ・コマーシャル）などによって、商品の特徴や機能をすでに知っているからである。それは、メーカーによる「**事前の販売活動**」（プレ・セリング）が効果的に実施されていることを意味している。

コンビニやスーパーマーケットで、消費者は商品をみずから選択（「**セルフ・セレクション**」という）できるのは、商品について消費者がすでに知っているからである。それは、プレ・セリングが行なわれていることによっている。

2　マーケティングという考え方

(1) 消費者重視の販売活動

現代は、消費者のほうが企業と、その製品を選択できるようになっている。「お客

様は神様である」という言葉もあったが、一方的な企業優位の時代は去り、企業は消費者のニーズに目をむけて活動している。これが「消費者重視の販売活動」である。

このような消費者重視のもとでの販売活動は、企業優位のもとでの売りこみとは異なり、**マーケティング**といわれている。

(2) マーケティングの考え方

今日では、消費者をしっかり企業経営の視野のなかにとり入れてセールスすることが大切になっている。これが、マーケティングの考え方である。

この考え方の根底には、消費者ニーズの把握がある。**商品開発**にあたっては消費者のニーズを認識することが大切である。

もっとも、マーケティングの考え方は、企業が消費者にただただ迎合するというものではない。企業の経営を続けていくためには、「新たな生活提案」を行い、消費者の信用(グッドウィル)を得る必要があり、そのためには、消費者に満足(第5章であげた**顧客満足**)を与える経営を行うことが大切となる。

このような消費者重視のもとでは、心理学、社会学、文化論などの**行動科学**の力をかりて、消費者の欲求を理解することが不可欠である。

3 マーケティングの4つの要素

(1) 商品計画

マーケティングの重要な要素として、まず第1は商品計画(**プロダクト・プランニング**とか、**マーチャンダイジング**)がある。これは企業がどのような製品やサービスをつくるかを決定することであり、**市場調査**(マーケット・リサーチ)や消費者の購買行動調査によって、データを収集する。

商品には、消費者がもとめている機能や品質が必要である。"このような効果や機能がある"とか、"この食品はおいしい"などのように、それは商品のコア(中核)をなしている。しかしそれとともに、商品のデザイン、パッケージ(包装)、ブランド名、アフター・サービスなども、重要である。

人間や動植物と同じように、プロダクト、つまり製品には、**ライフサイクル**(寿命、**PLC**)がある。図表10−1は、これを示している。ある製品が開発され、市場に導入される「導入期」は、製品の誕生の時期であり、徐々に生育していく。春に発芽した植物が、夏に大きく成長するように、「成長期」を迎え、売上高や利益も増加する。そして、実りの秋の「成熟期」が到来する。売上高や利益の貢献は最大となる。しかし、冬がきて、植物は元気を失ってしまう。それと同じように製品の売上高や利益はあがらなくなり、「衰退期」を迎える。

図表 10－1　順調な場合の製品のライフサイクル（PLC）

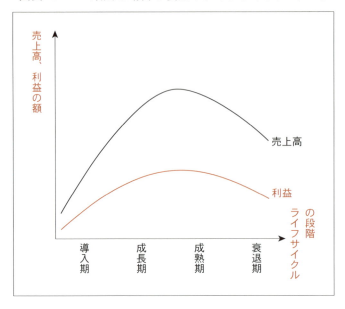

　これが、PLC である。もちろん、すべての製品やサービスがこのサイクルに順調に従うわけではなく、導入期で寿命を終える短命の製品やサービスも多い。

　経営者は、自社の製品やサービスがライフサイクルのどの段階にあるかを認識しておく必要がある。そして、自社のもっている製品やサービスをうまく組みあわせて（**ミックス**）して売上高や利益を獲得することが大切である。

（2）価格設定

　第2の要素は、価格（プライス）や**価格設定**（プライシング）であり、製品やサービスに値段をつけることである。この価格設定は、製品やサービスをつくるのにかかった**コスト**を計算し、これに利益を加算して行なわれるが、実際には消費者の反応や競争関係なども考慮される。

　ある商品にどのくらいの関心を示し、どのくらいの価値を認めるのかが、消費者の反応である。そして、競争している同業者の価格も考慮される。すなわち、コストはかなりかかっても、消費者があまり関心をもたなかったり、値段がいくぶん高めであると感じたりする場合がある。また、同じレベルの機能の製品の場合には同じくらいか、少し安い価格でないと、他社の製品と競争することができない。

　PLC との関係でいうと、**導入期**に高価格を設定する場合と、低価格にする場合がある。耐久消費財の導入期は高価格であるが、よく売れる**成長期**に入ると低価格に切りかえる。これに対して、食品メーカーの製品は、もともとコストが低いこともある

が、導入期から低価格になっている。要するに、商品のもっている性質や特徴により価格の設定は異なっている。

(3) 販売の経路

販売の経路（チャネル）は、セールスのための場所（**プレイス**）ともいわれ、商品をメーカーから消費者に届けるまでの取引過程である。メーカーが流通業者を通して商品を販売することがその意味である。もっとも、商店街にあるベイカリーが、裏の工場でつくって、表の店舗で販売している場合には、経路はない。

しかし、ベイカリーが大きな工場を別のところに設置し、広い地域の多くの消費者をも相手にするようになると、販売の経路をつくらなければならない。**直営店**の早急の設置はむずかしく、販売高の増加に限界がでてくる。そこで、コンビニ、スーパーマーケットなどでも販売してもらうようにする。さらに、全国的な菓子メーカーなどの場合には、卸売業者の力をかりて、製品を多くの小売業者に流してきた。

このようなメーカーから消費者に至るまでの取引は、**商的取引**といわれる。これとは別に、**物的取引**や**物的流通**がある。これは商品の具体的な運送・配達であり、運送業者が介在することで、商品取引とは異なる部分がでてくる。

なお、インターネットによる商品仕入れなどの新しい商的取引が、開発されており、発展を遂げている。

(4) 販売促進

すでに述べたように販売促進は、商品を具体的に購入してもらうための広告と人的販売、狭義の販売促進などからなっている。

広告については、すでに述べたが、各種の媒体があり、それぞれの企業や商品の特徴に応じて媒体を選択することが大切である。

人的販売は、セールス・パーソンによって行なわれる。セールス・パーソンの"営業力（販売力）"が大切であり、その育成と活用は重要である。そして、消費者のニーズを引きだす広告が"**プル戦術**"であるのに対して、売りこみのスキルが必要となる人的販売は"**プッシュ戦術**"といわれてきた。

さらに狭義の販売促進とは、広告や人的販売以外の方法であり、消費者むけの値引き、景品、クーポン券、取引業者むけの値引きなどである。

4 戦略性とCSRがもとめられる現代のマーケティング

(1) 4Pとマーケティング・ミックス

マーケティングの主な要素は、"4P"という。それは、商品計画のプロダクト

(product)、価格設定のプライス（price)、販売経路のプレイス（place)、販売促進のプロモーション（promotion）の頭文字をとっている。

4Pをうまく組みあわせることが大切であり、これを**マーケティング・ミックス**という。これらの要素は、密接に関連しているだけでなく、どれも重要である。

（2） 経営戦略との結びつき

企業にとってはどのようにマーケティング・ミックスをつくるかが大切である。それは企業内外の環境を考慮して行なわれるので、経営戦略の立案とも関連している。

たとえば、商品計画は、環境の変化とくに製品やサービスの開発と製造にかかわる技術（テクノロジー）の進歩、消費者ニーズの動向、同業者との競争関係などを検討しなければならない。他方で、自社の**経営資源**がその商品計画を行なうだけの能力をもっているかを確かめる必要がある。

そして、新商品を販売するために、これまでとは異なる経路やネット販売などを利用すると考えるならば、これも経営戦略に関係する。

（3） CSRの大切さ

生活者は企業の製品やサービスを選択できる立場になったとはいえ、商品情報を十分にもっているわけではない。また、高度な**商品情報**については十分に理解することができない。しかも、企業側も競争しているから、すべての情報を消費者に伝えることはできない。

したがって、消費者は企業と対等な関係にあるわけではなく、どうしても消費者にとって見えない部分が企業にはある。そこで、企業は商品情報をできるだけ分かりやすく消費者に提供する必要がある。

この情報提供は、「PL」（プロダクト・ライアビリティ）である。それは、自社のつくった製品やサービスについては開発、製造、品質保証の検査の一連のプロセスに全責任をもつという、製造物責任のことであり、企業の基本的な責任である。

そして、現代の企業にとっては、PL以上のCSRがもとめられている。環境問題はグローバル化しており、「環境にやさしい企業」づくりや「**エコ**（ロジー）**商品**」の開発も大切である。

さらに、ネット販売が進展している。そのさい、プライバシーや個人情報の保護を含む安全性（**セキュリティ**）や倫理性などの確保も、CSRに関する新しい問題である。

また、自然災害などによって工場や流通網が被害をうけても、早急に生産と販売を回復できる「**事業継続計画**」（Business Continuity Plan, BCP）をつくることが大切である。

NOTE

⟨Chapter 10⟩ やってみよう（*Let's challenge*）

(1) 本章の講義を聴いてあなたが学習したことを記してみよう。

(2) 以上の内容を5行以内で要約してみよう。

(3) 前記の要約のなかで重要なキーワードは何ですか？　列挙してみよう。

(4) 理解できましたか？ つぎの言葉の意味を記してください。

　① マーケティングという考え方

　② プレ・セリング

　③ ＰＬ（プロダクト・ライアビリティ）

(5) 考えてみよう。ある製品をとりあげて、製品のライフサイクルを使って説明してみると、どのようになるでしょうか。

やってみよう（Let's challenge） 〈Chapter 10〉

(6) つぎの情報から、どのようなことが言えるか、記してみよう。

"aibo"でソニーの「革新性」は再生なるか

　2018年新年からソニーは家庭用ロボット・aiboを発表した。1946年設立の同社は、トランジスタラジオ（1955年）、ウォークマン（1979年）、CD（1982年）、プレイステーション（1994年）などの革新的な製品のヒットで世界的な企業になってきた。

　1999年に旧AIBOを発表したものの、2000年以降に、同業の日本企業と同じようにiPod（2002年）、iPhone（2007年）などを生みだしたアップルやサムスン電子などの勢いに押され、2006年に生産を中止している。

　新aiboは、人工知能（AI）を内蔵し、感情表現をみずから行う。感圧式のセンサーを装備し、カメラが鼻にあるので、持ち主の表情や行動を認識し、それにあわせて腰、首、手足、しっぽを動かし、鳴くことができる。

　もっとも今後は、ペットとしての役割だけでなく、子供の見守りや高齢者の認知症対策など多様な機能を果たせるアプリの開発に他企業も参加させて行う予定になっている。そうなれば、新aiboへの期待はさらに大きくなるだろう。

〈Chapter 10〉　　　　　　　やってみよう（Let's challenge）

(7) （　　　　　　　　　　　　　　　　　　　　　　　）について調べてみよう。

Chapter 11
企業はどのようにして製品やサービスを開発し、生産しているのか

《本章のねらい》 本章では、企業のなかで製品やサービスがどのように開発され、生産されているのかをとり扱う。そこでは、モノ資源であり、企業のアウトプットとなる製品やサービスの開発と製造の過程が明らかにされる。

　本章を学習すると、具体的に以下のことが理解できるようになる。①生産性向上の重要性や、製品開発にかかわるシーズとニーズという考え方、②研究開発が生産から分離していく過程、③研究開発の意味と問題点、担当組織と研究スタッフの特徴、④生産活動の意味や形態、⑤生産システムがかかえている現状と展望

1　生産と研究開発の意味

（1）　生産性向上への努力

　企業は、製品やサービスをできるだけ能率的につくることに努力してきた。経営学のパイオニアであるテイラーは、生産現場における能率向上のための方策を検討している。工場があまりうまく動いていないことを解決したいというのが、彼の「**科学的管理**」（**サイエンティフィック・マネジメント**）である。

　ほどなくして、アメリカでは**フォード**（H. Ford）は消費者には安い自動車を提供し、労働者には高い賃金を支払うことを経営理念として、「**少品種大量生産システム**」をつくりあげた。**T型フォード**という1種類の自動車を大量に生産することに成功した考え方は、「**フォードシステム**」や「**流れ作業方式**」といわれる。

　その後も、生産性を高め、能率的な工場経営や生産管理づくりが行なわれてきた。この分野では、日本もすぐれた貢献を行ない、品質の向上や作業の改善をはかるために行なわれた **QC**（**品質管理**）**サークル**という小集団活動や「**多品種少量生産システム**」で知られたトヨタの生産システムなどは、その事例である。

（2）　製品を生みだすシーズとニーズ

　創業経営者には、技術者型のタイプが多く、"発明家"とか、"技術の鬼"といわれたイノベーター（革新者）もいる。古くはフォードのほか、**GE**（ジェネラル・エレクトリック）の**エジソン**（T. A. Edison）、ホンダの**本田宗一郎**なども、その例である。

かれらは、自分のもっている独自の技術を製品にまでつくりあげ、それを生産し、消費者のニーズにもみごとに対応してきた。技術は製品を生みだす**シーズ**（種子）であり、かれらはこのシーズにもとづく製品づくりに成功している。

もっとも、Ｔ型フォードは、多くの利用者に保有され、需要が一巡したところで、利用者から見放される。利用者のニーズは「もう少しかっこうのいい車に乗りたい」と思いはじめていたのである。シーズがなければ製品はできないが、消費者の**ニーズ**に対応しない製品は売れない。フォードの成功と失敗は、その好事例である。

（3）「研究開発」の生産からの自立

技術は製品を生みだすシーズである。とはいえ、この技術を生みだす研究開発については、かつては独自の担当組織はなく、工場の内部や生産部門の一部で行われていたと考えられる。

しかしながら、現代の企業は製品を能率的に生産（メイク）するだけでなく、他方で新製品を開発（クリエイト）しなければならない。しかも、技術が著しく進歩し、消費者のニーズが変化するとともに、競争関係もきびしくなっている。このような環境変化のなかでは、研究開発部門は生産部門から独立し、それと同じくらいか、それ以上に重要な仕事になっている。

（4）「サービス開発」への移行

"モノ"ではなく、サービスとかソフト、さらには**ビジネス・モデル**（事業や仕事のやり方）といわれるものの開発も、現代の企業にとって売り物になり、ニーズも大きく、ビジネス・チャンスが拡大している。

第１章で述べたが、生活者が利用するものは、娯楽、旅行、健康・医療・介護、教育や子育て、家事代行など、広範な分野に及んでいる。そして、企業むけのものは経営支援のコンサルティング、人材派遣、コンピュータ・ソフト開発などである。

2　研究開発の管理

（1）研究と開発の相違

研究開発（R&D）とは、新製品や**技術革新**（イノベーション）を生みだすクリエイトの源泉であるが、ふたつの言葉でできている。「**研究**」（リサーチ、R）と「**開発**」（ディベロップメント、D）は別の意味をもち、前者は純粋な基礎研究である。そして、後者は、具体的な製品の開発にむけての基礎研究の応用である。

研究開発が終わると、つぎに「**設計**」（デザイン）や「**試作**」が入ってくる。どのような製品をつくるかについては、研究につづく開発によって判明するとしても、機

能や品質だけでなく、消費者にアピールするためにどのような**デザイン**の商品にするかは、この設計や試作を経なければ決まらないのである。つまり、それは、具体的な商品化、ビジネス化のための詰めの段階であり、この段階を慎重に行なうことで、はじめて生産に進むことができる。

(2) 大企業の研究所

大企業では、多くの場合、研究所を設置し、そこに研究開発を担当させている。日本の企業は第二次世界大戦後、欧米企業が開発した技術に依存し、その技術を導入して、具体的な製品を開発するという「**開発重視の経営**」を展開してきた。しかし、先進工業国になった現在では、日本企業自体も大学などとも協力しながら基礎研究を重視した開発に努めなければならない。

大企業は本社のもとに「中央研究所」などを設置している。そして、主要な事業部門には事業分野に関連する研究所が設置され、製品開発が行なわれている。さらに、工場内に研究所を置き、具体的な製品開発を行なっている。

さらに、社外の経営資源を活用しようという考え方も生まれており、海外を含む「**オープンなネットワーク**」をつくり、他企業や前述した大学との提携、異業種交流などを行なうことで、共同で研究開発しようという動きも顕著である。

(3) 研究開発と研究スタッフの増加

研究開発は長期的にみると、企業の死命を制するので、日本企業はこれを充実させ、強化する必要がある。そこで、**研究開発費**や**研究スタッフ**を増加させなければならない。

研究開発費については、絶対額の伸びだけでなく、売上高や利益との比較、設備投資額との比較などにも注目する必要がある。他方、研究スタッフについては、その雇用や活用とともに、発明・発見に対する報賞金などを含めて、研究者などの仕事への動機づけや知識の陳腐化対策にも配慮しなければならない。

(4) 「研究開発型ベンチャー企業」の育成

既存の中小企業も21世紀を生き残るために、自社の独自技術やノウハウを開発していかなければならないが、さらにイノベーション志向の研究開発型ベンチャー企業の台頭がどうしても必要である。大企業もこのような企業の育成を支援するとともに、ビジネス・パーソンも起業家精神をもって開発や起業するマインドをもつことが大切である。

(5) 知的所有権をめぐる国際競争

日本企業の研究開発は強化されてきたために、分野によっては欧米企業をしのぐほ

どになった。しかし反面で、韓国や中国、インドなどの企業の研究開発力も向上し、開発競争はきびしさを増している。その結果、特許などの**知的財産権**を取得するための国際競争が激化している。とくに先端技術系の分野では、競争上の優位を獲得できる自社技術の向上が必要である。

3 生産システムの現状と展望

(1) 生産職能の位置と「環境問題」への対応

　企業活動のプロセスから見ると、研究開発のあとに生産という職能が位置している。そのあとに、前章で検討したマーケティングにつづくことになる。そして、消費者の購買によって売上高や利益が「報酬」として企業にもたらされる。つまり、生産は、研究開発と販売を結びつけるものであり、販売によって、企業は活動のプロセスを終えるのである。

　しかし、現代の企業にとって、これですべての活動が終るわけではない。製品を利用したり、消費したあとに発生している**廃棄物**──いわゆるゴミ──の処理問題が発生しているのが、その理由である。

　工場外に公害を出していなくても、消費者が商品を利用・消費したあとに、ゴミがでている。個人としては、それほど多く出していないと思っていても、全体でみた場合に大量だけでなく、きわめて異質かつ多種類の廃棄物が発生しており、それへの対応が求められる。

(2) 生産の主な形態

　そのひとつは、**注文（受注）生産**であり、企業は注文（オーダー）をうけてから生産するものであり、"オーダー・メイド"といわれる。専門店に行き、寸法をはかって靴や洋服をつくらせる、航空会社が飛行機の製造を航空機メーカーに依頼する、あるいは自動車メーカーが部品メーカーにある部品を発注するのが、それである。

　注文生産は、靴や洋服の場合を考えても、おおむね注文のボリュームは少量である。それに対して、自動車メーカーと部品メーカーとの直接取引といった企業どうしの発注と受注の量は、少数のものから多数のものに二分される。

　もうひとつの生産形態とは、**見込み生産**とか、**市場生産**である。これは、市場調査や需要予測を行ない、売れることを前もってみこして生産計画を立て、生産するものである。

　現代は、この見込み生産が一般的である。たとえば、消費者はスーパーマーケットや百貨店などで、いわゆる"できあい"（レディー・メイド、既製品）の靴や洋服を

NOTE

購入したり、夕食用の食材などを買っている。

　見込み生産においては、実際の購入が生産計画よりも少ない場合には、売れ残りが発生し、企業は在庫をかかえることになる。そして、製品在庫が多くなると、在庫調整という問題が生じる。それは、次期の生産計画や経営計画にも影響を与える。

(3)　多様に変化する消費者ニーズに対応する生産システムづくり

　すでに述べてきたように、大量生産のシステムにより、「単一製品の大量生産」が可能になった。そして、生産量が多くなると、製造コストが大幅に引き下げられるという「**規模の経済**」を得ることができた。それによって、高価格であった自動車の価格がダウンし、自動車を容易に購入できるようになった。

　しかし、1種類だけの製品は、その製品の普及度が高まるにつれて人気がなくなり、「消費者ばなれ」が始まる。そして、"もっと美しく、性能のいい車"や"低燃費や環境にやさしい車"を多種類のなかから選びたいというニーズが生まれてくる。

　そこで、企業は、消費者の多様に変化するニーズにこたえるような生産のシステムを開発することがもとめられ、「**少品種の大量生産**」から「**多品種の少量生産**」に変わってきた。

(4)　生産性の向上とAI

　生産現場では、できるだけ能率的に製品をつくることが大切である。たとえば、作業工程が円滑に流れていなかったり、仕事をしていない手待ち時間が頻発したり、原材料が無駄づかいされているのであれば、工場は良好に動いているとはいえず、生産性は低く、能率的ではない。

　現在はすべてのものがネットにつながるIoT (Internet of Things) やAI (人工知能) の時代になっている。このうちAIはこれまで機械設備・ハードの稼働を監視（モニター）することに役立ってきた。しかし、現在のAIではディープラーニング（深層学習）による画像認識能力（機械が目をもったこと）と強化学習による将来を予測したうえで活動できる能力が向上したことで、現場で働く人びとの作業を詳細に分析し、作業工程を改善し、生産性の向上に貢献できるようになりつつある。また、そのような機能をもつAIは、自動化が進んでいなかったり、できないと思われてきた産業にも適用され、生産性に役立っている。

　このようなAIの導入については、生産システムを変革し、生産性を向上させるだけでなく、競争力を強化することになる。もっとも、AIは人間の労働を軽減するものであるが、省力化であり、働く人びとから仕事を奪い取るとも見られている。

(5) 作業環境の改善

　生産現場では働く人びとのための環境を整備し、改善し、意欲をもって仕事に取り組めるようにすることももとめられている。具体的には、仕事の割り当て、職場の人間関係、「**ハラスメント**」をしない上司のリーダーシップ、労働時間の管理などにも十分配慮しなければならない。「働き方改革」は、わが国では急務である。

(6) 工場以外で行なわれる「生産」の多様性

　製品の生産は、「工場」で行なわれている。とくに第二次世界大戦後、日本が世界的にみて力を発揮してきたのは、工業製品であった。しかし、ものづくりという広義な言葉を使うと、農産物や水産物を加工するような食品工場などは、農山漁村地域で活動しており、生活者の食生活を大きく支えている。

　さらに、第3次産業、サービス業の発展のなかで、サービスとかソフト、コンテンツなどの開発は、工場ではなく、オフィスやラボなどといった「研究開発施設」で行なわれている。

　企業むけの人材派遣業などは、取引先の企業で仕事を行なっており、そこが生産の場になっている。また、宿泊サービスやパーティなどのために使用されるホテルは、サービスを生産する場であると同時に、消費する場にもなっている。

(7) 生産をめぐる企業間取引

　大規模なメーカーでは自社内で製造するのは重要部品で、他の多くの部品は関連企業などから購入（外注）している。こういうことから、日本の巨大メーカーは、あまり"モノ"を自社内でつくらないともいわれてきた。要するに、ある製品の開発から生産までに大規模企業を中心に、多くの企業がかかわっており、それぞれは自社の担当部分をしっかり遂行しなければならない。

　ベンチャー企業のなかにも、工場をもたず、製品もつくらない"**ファブレス**"と呼ばれる企業がある。「研究開発型ベンチャー企業」といわれる小規模企業は、開発や設計に専念して、生産は他の企業（大企業を含む）に委託し、**アウトソーシング**（外部資源の利用とか、社内業務の外注化）している。

　さらに、企業活動のグローバル化のなかでは、アジアを中心に海外企業との関係も一般化している。中国企業の発展が目ざましく、中国企業との連携も必要になろう。

NOTE

⟨Chapter 11⟩ やってみよう（*Let's challenge*）

(1) 本章の講義を聴いてあなたが学習したことを記してみよう。

(2) 以上の内容を5行以内で要約してみよう。

(3) 前記の要約のなかで重要なキーワードは何ですか？ 列挙してみよう。

〈Chapter 11〉　　　　　　やってみよう（Let's challenge）

(4) 理解できましたか？　つぎの言葉の意味を記してください。

　① 注文生産と市場生産

　② 研究と開発

　③ ファブレス

(5) 考えてみよう。生産性の向上のために、どのようなことが大切になるのでしょうか。

やってみよう（Let's challenge）　　　　　　〈Chapter 11〉

(6) つぎの情報から、どのようなことが言えるか、記してみよう。

電気自動車（EV）への動き：変わる自動車産業

　電気自動車（EV）の先駆的なメーカー「テスラ」社の評価が、排ガスなき社会の実現に向けて高まっている。もっとも、大量に製造する量産化には、まだ時間がかかりそうである。おそらく主要な自動車メーカーをはじめとして、予想される多くの他業種からのニューエントリー（新規参入企業）は、2020年代の前半をメドに、現在、きびしい開発・製造競争を行っている。

　ところで、EVへの日本企業の動きはどのようになっているのであろうか。現状を調べて、今後どのようになるかを考えてほしい。またEVに関連して、水素をエネルギー源とする燃料自動車（FCV）はどのようになるのだろうか。

〈Chapter 11〉　　　　　やってみよう (Let's challenge)

(7) （　　　　　　　　　　　　　　　　　　　　　　　）について調べてみよう。

Chapter 12

企業はどのようにして資本を調達し、資金を運用するのか

《本章のねらい》 本章では、重要な経営資源となる企業におけるお金の管理、すなわち財務管理について学習する。本章を学習すると、以下のことが理解できるようになる。①貸借対照表と損益計算書の役割、②資金ぐりと資本調達の種類、③資金運用（活用）の仕方、④設備投資のタイプ、⑤経営活動の測定基準

1 財務管理の内容

(1) 資本調達、資金運用、投資計算

まず、資本と資金の違いについて説明しよう。資金と資本の違いは、**貸借対照表**における表示の仕方にもとづいている。**資金**とは、現金・預金など借り方に表示される利用可能なお金のことをいうのに対して、**資本**とは、**自己資本（純資産）**、**借入資本（負債）**など、貸借対照表の貸し方に表示されるお金のことをいう。

機械や材料を調達し、従業員を雇い、製品やサービス品を開発・生産し、販売するには、資金が必要である。この資金を集めてくるのが「**資本調達**」であり、この資金をどのように使うかが「**資金運用（活用とか投資）**」である。

資本は、減価償却引当金を利用するなど、社内で自力で調達するか、または、後述するように社外から調達する。この場合、できるだけ少ない費用で行なうべきである。

他方、資金運用は、社内で長期間使用されず、だぶつくことがないように効率的に行なわれなければならない。そして、資金をどのような新製品の生産や設備の購入にむけると、利益があがるかを計算することを投資管理とか、投資計算という。「**投資**」とは利益を得ることを目的にして、材料や労働力の購入のために資金を投入することで、開発・製造・販売により再び資金として回収する必要がある。

企業活動の結果は、すべて会計帳簿に記入される。この会計の状態を示すものは「**財務諸表**」といわれ、諸表のうちとくに重要なのが貸借対照表と損益計算書である。

(2) 貸借対照表と損益計算書

「**貸借対照表**」とは、「資産」（一定の計算期間に保有している建物、機械・設備、原材料などや、その期間に発生した将来受け取ることができる売掛金など）と、「負

Part 3 ❖ 現代企業を動かす経営資源

図表 12-1 貸借対照表（勘定式）

貸 借 対 照 表

△△製作株式会社　　　　平成×年 3 月 31 日現在　　　　　　　　　　　　　　　　　　　　　　　　（単位：万円）

資 産 の 部		金額	負 債 の 部		金額
科 目			科 目		
I 流 動 資 産		1,320[※8]	I 流 動 負 債		515[※9]
(1) 当 座 資 産		730[※7]	1 支 払 手 形		100
1 現 金 ・ 預 金		420	2 買 掛 金		200
2 受 取 手 形		260	3 短 期 借 入 金		185
3 有 価 証 券		50	4 未 払 金		4
(2) 棚 卸 資 産		300[※5]	5 製 品 保 証 引 当 金		26
1 製 品 ・ 商 品		105	II 固 定 負 債		950
2 原 材 料		195	1 社 債		800
(3) そ の 他		290	2 長 期 借 入 金		100
1 前 払 費 用		190	3 退 職 給 与 引 当 金		50
2 未 収 収 益		100	負 債 合 計		1,465
II 固 定 資 産		2,600[※6]	純 資 産 の 部		
(1) 有 形 固 定 資 産		2,390	I 株 主 資 本		1,500
1 建 物		1,200	1 資 本 金		1,500
2 機 械 装 置		130	2 資 本 剰 余 金		250
3 車 両 運 搬 具		120	3 利 益 剰 余 金		750
4 土 地		750	4 自 己 株 式		0
5 建 設 仮 勘 定		190	II 評 価 ・ 換 算 差 額 金		0
(2) 無 形 固 定 資 産		10	III 新 株 予 約 権		
1 特 許 権		7			
2 営 業 権		3			
(3) 投 資		200			
1 投 資 有 価 証 券		120			
2 出 資 金		30			
3 長 期 貸 付 金		50			
III 繰 延 資 産		45			
1 創 立 費		15			
2 試 験 研 究 費		10	純 資 産 合 計		2,500[※3]
3 社 債 発 行 差 金		20	負 債 ・ 純 資 産 合 計		3,965[※2]
資 産 合 計		3,965			

注：表のなかの※印は本章の「4　経営活動を測定・評価するための主な基準」の計算式に用いられる数字。

図表 12-2 損益計算書（報告式）

損 益 計 算 書

△△製作株式会社　　　平成×年 4 月 1 日から　平成×年 3 月 31 日まで　　　　　　　　　　　　（単位：万円）

経 常 損 益 の 部			
営 業 損 益 の 部			
I 売 上 高			
1 製 品 売 上 高			4,200[※4]
II 売 上 原 価			
1 期 首 製 品 棚 卸 高		140	
2 当 期 製 品 製 造 原 価		2,660	
合　　計		2,800	
3 期 末 製 品 棚 卸 高		100	2,700
売 上 総 利 益			1,500
III 販 売 費 お よ び 一 般 管 理 費			
1 販 売 員 給 料 手 当		510	
2 減 価 償 却 費		80	
3 そ の 他		510	1,100
営 業 利 益			400
IV 営 業 外 収 益			
1 受 取 利 息 ・ 割 引 料			25
V 営 業 外 費 用			
1 支 払 利 息 ・ 割 引 料			55
経 常 利 益			370[※1]
特 別 損 益 の 部			
VI 特 別 利 益			
1 固 定 資 産 売 却 益			0
VII 特 別 損 失			
1 臨 時 災 害 損 失			0
税 引 前 当 期 純 利 益			370
法 人 税 ・ 住 民 税 及 び 事 業 税			0
当 期 純 利 益			370

注：図表 12-1 と同じ。

債」(その期間に借り入れた資金やその期間に発生した将来支払うべき買掛金など)、さらに、「資本」(会社の純資産)の状態を示したものである。そして、**資産＝負債＋純資産**という関係がある(図表12－1参照)。

これに対して、「**損益計算書**」(図表12－2参照)とは、売上高から製造費用(売上原価)を差し引き、さらに販売・管理費や営業外損益などを計算して、経常利益や当期純利益などを明らかにする(第5章の2.の(2)も参照)。

前者から出てくる《期末の資産(負債＋純資産)－期首の資産(負債＋純資産)＝利益》と、後者の《期末から期首までの収益－費用＝利益》が一致することからもわかるように、貸借対照表と損益計算書とは有機的に関係している。

2 資金ぐりと資本調達

(1) 資本調達の方法

資金を集める方法には、社内から自力で融通する**内部金融**と、社外からやりくりする**外部金融**との、ふたつがある。

内部金融は、社内で資金ぐりを行なうので「**自己金融**」ともいわれ、企業が得た利益のうち未使用で留保された資金と、その期間に建物、機械などについて磨滅した金額を引き当てる減価償却引当金を累計したものとの合計からなっている(図表12－3参照)。

外部金融には、企業が債券や株式を資本市場で直接発行して行なう「**直接金融**」と、銀行から借り入れる「**間接金融**」がある。

ところで、資本は調達源泉(所有者)という視点からみると、返す必要のない「自己資本」と返す必要のある「他人資本」に区別できる。

図表12－3　企業の資本調達ないし資金ぐりの方式と種類

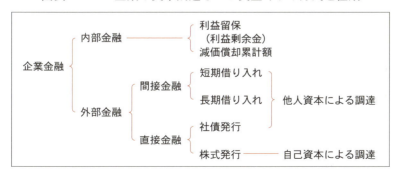

自己資本である株式発行では、利益が発生した場合、配当金を投資家に払わなければならない。しかし、払い込まれた資本に返済の必要がなく、自己の資金として永続的に使用できる。なぜなら、投資家は株券の売却で投下資本を回収するからである。
　したがって、株式会社になれば、銀行などから借り入れるしかなかった個人企業よりも、資金を集めやすい。一方、**他人資本**は間接金融のうちの銀行借り入れと直接金融の社債からなり、一定期間後に利子とともに、銀行や投資家に返済する義務がある。

(2) 資本調達の種類

　資金には、1年以内に回収できる「短期資本」と、1年から数年にわたって利用できる「長期資本」がある。**短期資本**は1年以内に手持ち現金として回収される棚卸資産を増加させたいときなどに必要で、買掛金、支払手形、短期借入金などである。
　他方、**長期資本**は、機械設備の取り替えや製品開発などのために使用され、投下資金の回収には時間がかかる。これには、内部留保資金、減価償却引当金累計額、株式資本、社債、長期借入金などがある。

(3) 短期資本の借り入れ

　①**買掛金**　──　仕入先から材料や商品を購入したにもかかわらず、代金がただちに請求されることはなく、ある期間、支払いが引き延ばされる商慣行のことである。
　②**支払手形**　──　原材料の仕入れなどにより発生する支払債務について、一定期日後にその金額を支払うと約束した「手形」を発行する。
　③**短期借入金**　──　金融機関からの短期借入金が主なものである。未払金、未払費用、前受金なども、短期の借入れとなる。

(4) 長期資本の調達方法

　①**内部留保資金**　──　これは毎期の純利益から法人税、配当金、役員賞与金を差し引いた「利益剰余金」のことである。
　②**減価償却引当金累計額**　──　たとえば、10年使用できる機械設備を毎年摩滅した一定額を費用として計上し、将来の新設備の購入を予定して使用額を積み立てることである。
　③**株式の発行**　──　株主が出資額分だけに責任が持てるように、出資を比較的小口の額に分割したもので、株券の発行・売却により、投資家たちが証券市場で自由に譲渡できるようにした有価証券のことである。
　④**社債の発行**　──　「債券」という有価証券を発行し、投資家から一定期間後に利息つきで元金の返済を保証することを条件に借り入れをするものである。
　⑤**長期借入金**　──　金融機関などから1年以上の資金を借り入れることである。

3　資金の運用

(1)　正味運転資金と流動資産の管理

　調達された資本が、現金預金や売掛金などの流動資産に多く投下された場合と、10年間使用できる機械設備に投下された場合を比較すると、資金が必要になったときに、いち早く利用可能になるのは、前者の場合である。財務管理では、短期の支払い能力を多く持っていることを「**流動性が高い**」といい、これは非常に重要である。

　流動資産から流動負債を差し引いたものを「**正味運転資金**」という。この資金が多いほど流動性は高い。そして、**流動比率**（流動資産／流動負債×100（％））が高いほど、手持ち資金に余裕があることになる。

(2)　流動資産の管理

　①現金預金への投資　──　企業の保有する「現金預金」により取引の支払いを行なうとともに、将来の取引のために備えている。

　②売上債権への投資　──　販売促進のためには、すべての取引を現金払いとはせずに「信用販売」（売掛金や受取手形による取引）を行う。

　③棚卸資産への投資　──　適切な量を常時在庫しておくことである。原料や半製品が不足しているために製造できず、品切れに対応できなくなると、販売のチャンスを失うことになる。もっとも在庫を多くすると、資金を固定化することになるので、在庫量をできるかぎり少なくして在庫管理を適切に行なうべきである。

(3)　機械・設備投資の管理

　材料の購入やヒトの雇用だけでなく、工場やオフィスの建物・機械・設備などの固定資産への投資が重要である。固定資産への投資は流動資産とはちがい、適切に行なわないとやり直しがきかず、企業は破産の危機におちいる（第12章の3.の(4)も参照）。そこで、その決定は慎重かつ科学的に行なわれる必要がある。

　①**取替投資**　──　製造方法は変えないが、機械や設備を取り替えることである。これは機械などが老朽化し、製造原価を高めるおそれがあるので、産業用ロボットや省エネルギーの設備に変える、などの場合に行なわれる。

　②**拡大投資**　──　既存製品へのニーズが期待されているが、現在の生産能力では十分でないので、同じ機械を購入し生産の拡大をはかる場合に行なわれる。

　③**新製品開発投資**　──　①と②とちがって、ほかの企業がまだ販売していない製品を自社で研究開発し、商品化するさいのものである。また、ほかの企業がすでに売りだしていても、もっと売れそうであると思った場合にも行なわれる。

4　経営活動の測定と評価の基準

　企業は継続的に安全な状態で収益をあげることが重要であり、それを分析する方法として「収益性」と「安全性」（流動性が高いこと）などがある。

(1) 収益性をあらわす比率（実数値は図 12 − 1 と図表 12 − 2 の※印を参照。）

$$①総資本経常利益率 = \frac{経常利益}{総資本（自己資本＋他人資本）} \times 100(\%) = \frac{370^{※1}}{3,965^{※2}} \times 100 = 9.3\%$$

　総資本経常利益率は、**売上高経常利益率**(③)と**総資本回転率**(④)の積によってももとめられる。この利益率が下がった場合、経常利益をあげるためには売上高をあげるか、売上原価を下げなければならない。さらに、売上高経常利益率が変らないときは、計算期間内の総資本回転率を高めるために、流動資産や固定資産の使用を節約しなければならない。そこで、これらの前期、今期、さらに来期の目標数値を比較するために、つぎのような公式も重要な基準となる。

$$②自己資本経常利益率 = \frac{経常利益}{自己資本} \times 100(\%) = \frac{370^{※1}}{2,500^{※3}} \times 100 = 14.8\%$$

$$③売上高経常利益率 = \frac{経常利益}{売上高} \times 100(\%) = \frac{370^{※1}}{4,200^{※4}} \times 100 = 8.81\%$$

$$④総資本回転率（回） = \frac{売上高}{総資本} = \frac{4,200^{※4}}{3,965^{※2}} = 1.059 \text{ 回}$$

(2) 安全性の比率

$$①流動比率 = \frac{流動資産}{流動負債} \times 100(\%) = \frac{1,320^{※8}}{515^{※9}} \times 100 = 256\%$$

（流動負債を流動資産で返済しうる能力で、200％以上であることが望ましい。）

$$②固定比率 = \frac{固定資産}{自己資本} \times 100(\%) = \frac{2,600^{※6}}{2,500^{※3}} \times 100 = 104\%$$

（固定資産をどの程度自己資本でまかなっているかを示し、100％以下であることが望ましい。）

(3) 成長性と CSR の視点

　収益性や安全性で得られた数値のほか、売上高や利益の額などを時系列的に観察していくと、企業の発展や成長ぶりが明らかになってくる。それとあわせて CSR、つまり企業の社会貢献についてもどのくらいの金額をどのように支出しているか、どのくらい人員をさいているかなども測定・評価することが、現代の企業には大切である。

NOTE

⟨Chapter 12⟩ やってみよう（*Let's challenge*）

(1) 本章の講義を聴いてあなたが学習したことを記してみよう。

(2) 以上の内容を5行以内で要約してみよう。

(3) 前記の要約のなかで重要なキーワードは何ですか？ 列挙してみよう。

〈Chapter 12〉　　　やってみよう（Let's challenge）

(4) 理解できましたか？　つぎの言葉の意味を記してください。

　① 内部金融

　② 総資本経常利益率

　③ 棚卸資産の管理

(5) 考えてみよう。収益性と安全性は、企業経営にとってどのような意味をもっているのか。

(6) つぎの情報から、どのようなことが言えるか、記してみよう。

企業成長を知るための指標とはなにか

　企業の将来の成長を支える現金を獲得する力を示す基準として、「営業キャッシュフロー（CF）」が注目されている。成長を目指す企業は、当然のことながら積極的に投資を行う。しかし、損益計算書の営業利益などの利益項目を見ても、現金の獲得状況を知ることができない。それは設備投資を行うと、減価償却費が発生して、利益の額を引き下げてしまうのである。

　そこで営業キャッシュフローは、利益が増えるだけでなく、減価償却費が多くなると、増加する。また、製品の販売に努力して在庫を圧縮したり、売掛債権の回収がうまくいくようになると増加する。設備投資に前向きな企業は、損益計算書上の利益はあまり多くなくても、減価償却引当金が増加しているので、営業キャッシュフローは多くなる。

　大企業と中小企業の中間的な存在である「中堅企業」には、このような営業キャッシュフローの多い企業が見られるという。そのような企業を発見してみよう！

スタートしたフィンテック教育

　金融機関の経営が情報技術（IT）によって大きく変ろうとしている。このようななかで金融とITの融合が急速に進み、「フィンテック」という分野が生みだされつつある。
　一部の大学や大学院では、フィンテックによる授業が金融機関などの寄付講座としてスタートしている。また、企業側と大学との共同研究も始まっている。

　フィンテックはどのようなものであり、どのように展開されていくのかを観察していこう。

〈Chapter 12〉　　　やってみよう（Let's challenge）

(7) (　　　　　　　　　　　　　　　　　　　　　　　　)について調べてみよう。

Chapter 13
企業はどのようにして人材を活用するのか

《本章のねらい》 企業の命運は、重要な経営資源である人材の活用にかかっている。本章では、人材活用の方法についての考え方を整理するとともに、個人の「自由と自己責任」を重視する近年の人材活用の特徴を明らかにする。

本章を学習すると、以下の点が理解できる。①部下の欲求により人材活用の方法を変えなければならない理由、②良い職場環境や良い人間関係のつくり方、③「自立した個人」を重視した人材活用の方法

1 人はなにをもとめて働くのか：人的資源の検討

（1） **働くさいの動機と欲求**　「**企業はヒトなり**」という言葉があるように、人材活用は企業経営にとってきわめて重要な分野である。人材活用を効果的に行なうには、なによりも活用される**人材**（**人的資源、フォロワー**）のことを知らねばならない。

とくに「人間はなにをもとめて働くのか」という動機・欲求を知ることが重要である。大学の4年生になれば、就職先を決め、卒業したら働くことになるが、「あなたはなんのために働くのですか」「どんな職場を希望するのですか」と聞かれたら、どう答えるであろうか。

ある人は「できるだけ多くのお金を得るためだ」「だから給料の多い会社であればどんな仕事でもする」と言うかもしれない。また別の人は「**賃金・ボーナス**よりも人と人との心の結びつきをもとめたい」「だから良い雰囲気、良い人間関係の職場で働きたい」と願うかもしれない。さらに「なによりも自分のやりたいコトをするためです」「やりがいのある仕事をして自分が成長しなければ、そんな職場はすぐにかわります」と考える人もいるであろう。

（2） **多様な動機・欲求の対応**　このように働くさいの人間の**動機・欲求**（「**ワーク・モティベーション**」ともいう）は、さまざまである。そこで企業の側は「たくさんのお金が欲しい人」には金銭で刺激し、「良い雰囲気の欲しい人」には良い気分・感情で刺激し、「やりがいの欲しい人」には「やりがい」で刺激しなければ、それぞれの人間は企業目標に向かって**貢献**しないだろう。

もちろんそれぞれの人間の動機・欲求は、置かれた社会環境、受けた教育、またその人をとりまく政治・経済・文化・宗教によっても異なるし、同じ国でも時代によって異なるであろう。重要なことは、働く人間の動機・欲求を知り、それを考慮にいれて人材活用しなければ効果的でない、ということである。

2 人材活用の3つの考え方：「働く人間」についてのモデル

ワーク・モティベーションと、それにもとづく人材活用の基本的な考え方は、おおむね以下のような3つに整理できる。

(1) **経済人モデル**　ひとつめは、人間はなによりも**経済的な欲求・利害**に動機づけられる、という人間観にもとづく人材活用である。この人間観は「**経済人モデル**」と呼ばれ、経営学のなかでは第8章2．で述べた伝統派の主張である。この人間モデルを前提にすれば、人間を企業の目標達成に貢献させるには、経済的な刺激を与えるのが効果的ということになる。

その結果、**経済的刺激**（賃金・給料、ボーナスなど）を基本にした人材活用の方法が考案される。20世紀初頭には、この考え方が支配的であった。なぜなら当時の働く人びとの多くは、長時間労働を余儀なくされ、労働条件は悪かったので、彼らが少しでも経済的に豊かな生活をしたいと思うのも当然であり、したがって、企業の側が経済的刺激で動機づけるのもあたりまえのことであった。

(2) **社会人モデル**　ふたつめは、人間は、なによりも社会的な集団のなかで作用する心理・感情・気分などの**非論理的な要因**に動機づけられる、という人間観にもとづく人材活用である。この人間観は「**社会人モデル**」と呼ばれ、経営学のなかでは「**人間関係論**」や「**人間行動学派**」などにみられた見解である。

この人間モデルを前提にすれば、人間を効果的に活用するには、職場集団のなかで作用している心理・感情・気分を利用すればよいことになり、このような考えにもとづく人材活用の方法が企業に導入された。この方法が普及するのは、働く人びとの労働条件が、ある程度、改善され、社会が成熟・安定してからである。そのような条件のもとでは、人は経済的な利害より、むしろ職場の気分や感情を重視するからである。

(3) **自己実現人モデル**　3つめは、人間は主として成長欲求・自己実現欲求に動機づけられ、自己の価値観の実現のための行動をする、という人間観にもとづく人材活用である。この人間モデルは、「**自己実現人モデル**」とも呼ばれ、経営学のなかでは「**組織行動論**」、「**行動科学**」などにみられる主張である。

このモデルにもとづけば、効果的な人材活用のためには、個人の多様な価値観を尊

NOTE

重し、自主性・自発性を認めつつ、彼らの**成長欲求・自己実現欲求**を可能なかぎり充足させるのがよいことになる。経済的に発展した先進工業国や、民主主義の支配する政治的に成熟した国では、「**自立した個人**」や「**自己実現人**」が多数派を占めるので、そこで働く人びとが自己実現欲求の充足を重視して行動するのも、当然であろう。

3　金銭的報酬が得られるならば、一生懸命に働くか

(1) **もっとも基本的な経済的欲求**　賃金もなく、ただ**ボランティア精神**で企業のために働くという人はほとんどいないであろう。企業に労働力を提供すれば、それと引き換えに、なにがしかの賃金を得なければ、自分自身の生活ができないし、結婚している人なら家庭生活が維持できない。生活が維持できなければ、元気な労働力を再び企業に提供することもできない。

したがって、人間が経済的な欲求や金銭的報酬に動機づけられて働くというのも、現代社会で日常生活を行なうには当然のことである。とくに金銭に強く動機づけられる人の場合は、経済的な刺激の提供は、人材活用に効果的である。

(2) **経済的な刺激による動機づけ**　経済的な刺激とは、なにより多くの**賃金・ボーナス**の提供と、それを保障する**地位・職位**の提供でもある。

会社の指示する仕事をやりとげ、大きな貢献をしたならば賃金・俸給、ボーナスを多く支払う制度で、人間を動機づけ、活用する。また多くの場合、賃金の上昇と企業のなかでの昇進・昇格は大きく関係しているから、課長や部長に昇進させることも間接的に経済的な欲求・利害を刺激する。このような仕組みのなかで、金銭に強く動機づけられる人びとは、長時間労働に追い立てられる。しかし、ある程度の生活ができる収入があれば、人は必ずしもより多くの賃金をもとめては働かない。社会全体が豊かになり、人びとの暮らしも安定すれば、経済的な欲求・利害のみでは働かなくなる。

4　良い人間関係なら、一生懸命に働くか

(1) **感情に支配される行動**　人間は感情の動物であるから、**ヤル気**（勤労意欲や**モラール**ともいう）をなくしたり、元気が出たりするのは、感情と大きな関係がある。多くの場合に仕事は職場で行なわれるから、職場のなかで良い気分や感情に浸ることができれば、元気よく仕事ができるだろう。

したがって、人間はある程度の生活のできる賃金が得られるのであれば、むしろ職場の人間関係のなかでの良い**気分・心理・感情**に**動機づけ**られるのも、当然のことである。この考えにしたがえば、人を効果的に活用するには、社会的な集団のなかでの

心理・感情・気分の作用を利用すればよい、ということになる。

(2) 良い職場環境のつくり方　それは「職場の仲間と良い関係でいたい（**親和欲求**）」「職場の仲間から良く思われたい」「皆から尊敬されたい」「自分のやった仕事が認められたい（**承認欲求**）」「わが社の一員であることが自慢だ（**帰属感**）」「会社との**一体感**がうれしい」、などの非論理的な心的な作用である。

人が、このような作用によって強く動機づけられる以上は、これを利用しなければ効果的な人材活用はできない。かくして、集団のなかに作用するこのような心理・感情・気分を利用して、良い人間関係をつくりだすさまざまな手法（「**ヒューマンリレーションズ**」（HRs）ともいう）が開発され、企業に導入され、働く人びとの**モラール**を刺激する。

5　仕事に生きがいがあれば、一生懸命に働くか

(1) 「楽しくておもしろい仕事」の意味　人は、自分の計画した遊びや旅行に出かける時、実に楽しくおもしろく、アッという間に時間が経過するのに、しばしば驚かされる。遊びや観光に夢中になり、没頭している時は、激しい肉体的な消耗もほとんど苦にならず、たとえば目標の山頂にたどりついた時の達成感は、むしろ心地よい満足でさえある。

人が自分のしたことを楽しくおもしろく感じるのは、自分の欲求にしたがってあらかじめ立てた**構想**（プラン）が、自分の能力を使っておおむね**実行**（行為・実施）（ドゥー）されるからである。しかもそのさい、自分の能力が大きく伸びたり、見聞が深まったり、成長した新たな自分を発見したりすれば、なおさらである。

企業のなかの仕事でも、もしそれ自体がおもしろくて楽しいと思える時には、人はそれを苦痛に感じることもなく、やりぬくことができるであろう。つまり、人間は仕事を通じて自己の価値観が実現し、**成長欲求・自己実現欲求**が充足し、やりがいや生きがいを得られるならば、そのような仕事は、おもしろく楽しいものだろう。

(2) 仕事のなかの自己実現欲求の充足　この考え方で、働く人びとを企業目標に貢献させるには、できるだけ働く人の「**構想と実行を一致**」させ、仕事を通じて個人の価値観を実現し、成長欲求・自己実現欲求を充足させて、生きがいを感じるようにするのが良い、ということになる。

また働く側にとっても、とりわけ自分の価値観や職業意識が明確で職業能力のある人、自分のやりたいことがハッキリした「自立した個人」や「自己実現人」にとっては、そのような働き方でなければ、**ヤル気**をなくすであろう。かくして、**自己啓発**、**目標管理**

（仕事の目標と実行の自己管理）、**職務充実**（仕事の計画と統制に働く人びとを関与させること）、**職務拡大**（働く人びとに多様な仕事を割り当てること）など仕事のなかで自己実現し、生きがいを提供するさまざまな方法が考案され、企業組織に導入されている。

6 目標設定による自己管理

(1) **モラールに不可欠な「欲求と目標」** 自分のやりたいことがハッキリしている「**自立した個人**」や「**自己実現人**」が、一生懸命に働くのは、自分に課せられた仕事をすることが、同時に自分の成長欲求・自己実現欲求を充足する場合である。もちろん、成長欲求・自己実現欲求の具体的な内容は、人により異なるにせよ、その欲求充足が重要である。しかし、その場合、なにに向かって、いかに力を発揮するかの目標がなければヤル気は生じない。

つまり、一般に人がヤル気を起こすには、**内発的な欲求**（動因）とともに、具体的な**目標**（誘発因）が不可欠である。「山に登りたい」だけでは、単なる願望であるが、「富士の山頂を目標に登りたい」で初めて行動は具体化される。目標（目的）の設定は、欲求とともに、人間の行動化（動機づけ）の不可欠な条件である。

(2) **プログラム化できない業務と目標管理** ロボットやベルトコンベヤーなどが支配する工場現場では、多くの人びとは大規模な分業と協業のなかで定型的な仕事をするから、そこでの個人の行動目標は技術的な論理で決められる。流れ作業で仕事をする場合など、自分だけ多くの製品をつくることもできない。一日の仕事量の目標は、おおむね機械的・技術的に決められる。

しかし、営業・企画・研究開発・総務など「**プログラム化できない非定型的な仕事**」の場合は、目標設定の事情が大きく異なる。たとえば営業担当者は、朝から晩まで飛びまわっても、顧客という相手のいる仕事だから、一台の車も売れない日が続くかと思えば、日頃の努力が実り、２ヵ月後に契約が連日成立することもある。

このような非定型的な仕事の場合には、個人目標を決めるには固有の工夫が必要である。そのさいに「君の今月のセールス目標はＳ車10台だ」というように、企業側が個人の行動目標を設定して一方的に押しつけることもできる。しかし、自己実現欲求に強く動機づけられる「自立した個人」や「自己実現人」にとって、自分の行なう営業活動そのものが、自分の決めた目標の遂行であれば、働くさいの「**構想と実行**」（第8章の2．の決定とその実施）はかぎりなく一致し、生きがいを感じる。

かくして、効果的な人材活用の方法としては、「君の今月のセールス目標は君が決めなさい」「自分で立てた行動の計画は自分で管理し遂行したまえ」になる。このよ

うに、行動目標の設定を働く個人に任せ、その目標達成を自己管理させる方法は、一般に「**目標（による）管理**」と呼ばれ、今日では多くの企業に普及している。

7　21世紀の人間モデルと生き方・働き方

(1)　4L重視の人材活用

　近年の社会環境の変化のなかで、労働力市場が流動化し、個人の価値観・職業意識およびライフスタイルの多様化が進み、仕事の自己実現だけでは動機づけられない人間が増加した。第3章でも述べたが、総じて職業生活・家庭生活・社会生活・自分生活という**4Lの充実**に動機づけられる「**社会化した自己実現人**」が創出されている。

　かくして、人材活用のさいに仕事（職業生活）のなかの自己実現のみの動機づけではなくて、4Lの自己実現を考慮したあり方にシフトせざるをえない。そこでは、個人の多様なライフスタイル、ライフプランやキャリアプラン、多様な職業意識や価値観、多様な「意欲と能力」などにあわせて、「働きやすさ」や「生きがい」を提供して、モラール・アップ（勤労意欲の向上）をはかることが必要である。

　たとえば、**育児介護休業制度、キャリアアップ支援制度、在宅勤務、選択定年制、地域限定社員制度、カフェテリアプラン、リフレッシュ休暇制度**などは、個人の「4つの生活」の充実を重視した人材活用の典型である。これらは「ワーク・ライフ・バランス」の施策とも呼ばれ、近年において重視されている。

(2)　個人を生かすキャリア・ディベロップメント・プログラム

　とくに、働く人びとのキャリアプランやライフプランを重視して、生きがいを提供し、勤労意欲・組織貢献を引きだす**キャリア・ディベロップメント・プログラム（CDP）**が注目されている。それは、どのような人材を採用・育成・配属・異動するかを個人の主体的な意思決定によって進める方法である。

　具体的には上司への自己申告や面接により、①自分の職業人生について考えさせる、②長期的な仕事の目標を立てさせる、③そのために必要な職業能力や経験を明らかにさせる、④それらを修得するための教育・配属を計画する、という総合的プログラムである。つまり、個人のライフプランやキャリアプランを前提に、能力開発・教育研修・配属（昇進、異動、出向、派遣、解雇、職務変更など）を進めるのである。

　いま企業の側は、個人が4Lに「やりがい」や「生きがい」を感じる「**社会化した人材マネジメント**」を展開しようとしている。

　したがって、個人の側は「意欲と能力」「自由と自己責任」がきびしく問われ、職業意識を確立しライフプランやキャリアプランを明確にし、自己啓発・自助努力にて広く社会的に通用する専門的職業能力を取得・習得することがもとめられている。

NOTE

⟨Chapter 13⟩ やってみよう（*Let's challenge*）

(1) 本章の講義を聴いてあなたが学習したことを記してみよう。

(2) 以上の内容を5行以内で要約してみよう。

(3) 前記の要約のなかで重要なキーワードは何ですか？ 列挙してみよう。

(4) 理解できましたか？　つぎの言葉の意味を記してください。

　　① 経済人モデル

　　② 社会人モデル

　　③ 自己実現人モデル

　　④ 目標管理

(5) 考えてみよう。現代の企業社会では、なぜ「個人の自立性」を重視した人材活用が効果的なのでしょうか。

(6) つぎの情報から、どのようなことが言えるか、記してみよう。

未来工業「採用メッセージ」（総務部長・吉澤信幸）

「社員への考え方」

　当社は、社員の「やる木」を育てることを経営の柱にしています。
　一日の大半を過ごす会社で、何から何までがんじがらめでは、社員はそんな会社のために努力しようという気が起きてくるはずもありません。
　そのため、当社は、外せる制約はできるだけ外そうと考えています。
　具体的には、作業服は自由にしました。1日の労働時間は7時間15分、年間休日日数は約140日という日本有数の休みが多い会社です。
　ところで、個人の能力はまちまちです。個々人の能力に差があるのは仕方ないことですが、各々が持っている能力を100％発揮して、皆が力を合わせていくことが大切だと考えています。
　また、社員はプラス思考をすることが大切だと考えています。経験則もないのに「もしも？・・・」というマイナス思考は禁句です。先ず、実行し、その先で万一問題点が発生した時にはその改善をする考え方が、会社発展の基本線です。
　そして、何よりも、社員の自主性を尊重します。

出所：未来工業 H.P.

〈Chapter 13〉　　　やってみよう（Let's challenge）

(7) (　　　　　　　　　　　　　　　　　　　　　　)について調べてみよう。

Chapter 14

企業はどのようにして文化をはぐくむのか

《本章のねらい》 本章では、企業文化（コーポレート・カルチャー）の問題をとり扱う。第5の経営資源などともいわれる"目にみえない"企業文化とは、なにか。それは、企業経営にとってどのような意味をもつかを検討したい。

本章を学習すると、以下のことが理解できるようになる。①企業文化の意味とその主な機能、②企業文化をつくりあげる要因、③企業文化から生じる問題点と改善方法、④企業内部で発生する文化の相違と解消

1 「重要な経営資源」としての企業文化の意味

(1) 類似用語の存在

企業文化のほかに、ほぼ同じ意味の**経営文化**、**組織文化**などといった用語がよく使われてきた。また、ビジネスの世界で使われている"社風"や"会社のカラー"も企業文化を示している。それぞれの企業には、目には見えない、ある種の雰囲気とか、空気があり、それが他の会社とちがうと企業内外の人びとが感じるものこそが、企業文化が具体的にあらわれた結果なのである。

(2) 企業文化の定義

デービス（S. M. Davis）の企業文化についての定義は、「組織の構成員に意味をあたえ、組織体のなかでの行動ルールを提供する、共有された理念や価値のパターン」（河野豊弘・浜田幸雄訳『企業文化の変革』ダイヤモンド社、1985年、4頁）とされている。

この抽象的な定義を分解してみると、つぎのようになる。

①企業文化は、「組織のメンバー」にとって意味がある。メンバーとは、企業で働く人びとを中心に、株主、消費者や取引業者などのステークホルダーもふくまれる。

②企業文化は、働く人びとによって共有される企業の経営理念や価値で、自社のこの経営理念に納得・同意すると、多くの人びとはそれに従おうとする。

③そこで、企業文化は、企業のなかで働く人びとにとってのよりどころとなる。それは、具体的な活動を行なうさいの考え方や方法などを働く人びとに示している。

この定義によると、企業文化とは、経営者が中心になってつくる経営理念を働く人びとが互いに認めあうことで、かれらの意思決定や行動がそれにしたがって行なえるようになることを意味している。

(3) 企業文化の機能

そこで、企業文化は、以下の機能をもっている。

第1は、企業内で働く人びとが経営理念を互いに認めあうことで、同じような行動がとれ、一体感が生まれる。たとえば、**東レ**は「わたしたちは新しい価値の創造を通じて社会に貢献します」とうたっている。これによると、東レの場合には"価値創造による社会貢献"という経営理念を打ちだしており、社内の人びとが互に認めあうことができれば、この経営理念の実現にむかって仕事ができるようになる。別のいい方をすると、経営理念にもとづいて情報の収集や処理、意思決定や行動の選択が行なわれることになる。

もうひとつの機能とは、企業の外部に対するものである。経営理念とか、価値は、株主、消費者、取引業者、あるいは広く社会に対して、自社の**存在理由**（「レーゾン・デートル」ともいう）をアピールし、その企業がどのような社会的役割を果たしていくのか、しかもそれをどのような考え方や方法で行なっていくのか、を示している。

このためのものとして、第5章でも述べたCIがある。それは、企業自体を売りこむイメージ戦略である。日立はＨＩＴＡＣＨＩ、「Inspire the Next」、凸版印刷はＴＯＰＰＡＮのロゴタイプのもと、「印刷テクノロジーで、世界を変える。」をキャッチフレーズにしている。また、日本にはじめて粉ミルクとベビーフードをつくった和光堂の場合、ＷＡＫＯＤＯ、「ずっと、赤ちゃん品質」になっている。

2 企業文化の形成と変更

(1) 企業文化をつくる要因

ディール（T. E. Deal）と**ケネディー**（A. A. Kennedy）の『シンボリック・マネジャー』（城山三郎訳、新潮社、1983年、30～32頁）によると、企業文化は、以下の5つの要因がそなわって、つくられる（図表14-1）。

①**企業をとりまく環境** —— 企業が直面する環境、とくに企業が市場でぶつかる現実にどのように対処するのか。企業が成功をおさめるために、どのようなことを行なう必要があるかは、直面する環境を直視することで分かる。そして、この必要性によって企業文化の内容が影響をうけることになる。

Chapter 14 ❖ 企業はどのようにして文化をはぐくむのか

図表14-1 企業文化の形成要因

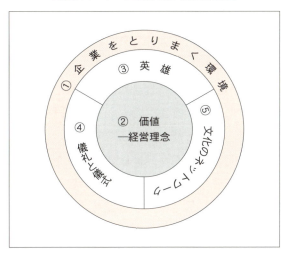

競争のきびしい市場で活動している企業は、安定的に売上をあげている企業に比較すると、働く人びとに対してセールス活動や研究開発をいっそう推進することを重視するような文化をつくることになる。

②**価値** ── **経営理念**のことであり、企業のあるべき理想像あるいはビジョンを指し、日本企業では社是、社訓などでいわれてきたものである。

③**英雄** ── ②の価値を体現した社内の人物のことであり、従業員にとっては理想のモデルになる人間である。「自分もあのような人間になりたい」といった経営理念の体現者が企業文化づくりには必要である。

④**儀礼と儀式** ── 社内で組織的定期的に行なわれる慣例やイベント（社長の年頭挨拶、職場の朝礼、周年記念イベントなど）のことで、これを通じて経営理念と、それにもとづく意思決定や行動の仕方を反復的に学習させ、定着させることである。

⑤**文化のネットワーク** ── ②の経営理念と③の英雄の活動をうわさやクチコミなどを活用して企業全体に浸透させることを意味している。創業者や「中興の祖」などの神話や物語をつくり、経営理念を長期にわたって社内に根づかせている。

（2） 企業文化のやっかいな**問題点**

企業文化がつくられ、それが作用しはじめると、前に述べた機能が発揮され、重要な経営資源になる。しかし、機能が果たされる過程で、「副産物」というべき**マイナスの作用**（逆機能）も生じるおそれがある。

ある企業が個尊重を経営理念として、その定着・浸透をはかり、"**個尊重**"の企業

文化をつくったとする。その結果、個人主義的な行動ルールができるとともに、個人の能力開発重視の傾向が生まれる。しかし、それが強くなりすぎると、これまで大切にしてきた職場仲間の協力関係が悪くなるおそれが出てくる。

また、企業が規模を拡大するにつれて、組織の構造をしっかりつくり、仕事の分担関係が明確に決められるようになる。これまでになかったような革新的な製品をたえず開発し、**創造的な企業文化**をつくることで、成長を遂げてきた企業も、大規模になるにしたがって、組織の構造はしっかりつくられてくる。

小規模のときには個人が自分の能力を発揮してイキイキと働いていたのに、自分の守備範囲を決められて、そのなかで仕事を行なうように仕向けられるようになる。職能部門間にも高い壁ができ、コミュニケーションも悪くなる。そして、自分の担当部門のことのみを大切にし、担当している仕事さえこなせばいいという、「**セクショナリズム**」の傾向がはびこる。これによって、創造的な企業文化のほうが影響をうけ、そのような文化が徐々に姿を消したり、その力を落とすようになる。

さらにいえば、企業文化はいったんできあがると、固定化してしまい、変えにくい。環境が変化して、企業に対してもとめるものが大きく変ってしまっても、企業文化は以前のものと同じであるために、環境の激変に対応できないことになる。

（3） 企業文化の変更

企業文化を変更する場合には、これまでの経営戦略や企業文化が環境の変化にあっているかどうかを確認する必要がある。そして、あっていない場合には、その原因を検討し、洗いだす作業が必要である。この原因の究明を通じて、企業文化だけでなく、経営戦略、さらには経営理念さえも変更する必要が出てくるかもしれない。

しかし、企業文化の変更は、この段階からさらに進んでいかなければならない。経営者は変更の原因や方向性を従業員によく説明し、現状のままでは会社が遠からず危機的な状況に陥ることを強く訴える必要がある。つまり、従業員すべてに"変えなくては、変らなくては"という意識をもたせることが大切である。経営者はその陣頭に立って「変る」ことを身をもって示さなければならない。それは、まさに「**率先垂範**」（そっせんすいはん）（先頭にたって実行すること）である。

また、規模拡大にともなう、しっかりとした組織づくりによって企業文化が影響をうける点については、どのように考えるべきであろうか。いわゆる「**大企業病**」の発生によって、小規模のときの文化を維持したいものの、停滞してしまうのである。

多くの大規模な企業は、この点に苦慮している。そして、この問題に対応するために、①起業家精神や革新の重要性をたえず働く人びとに訴える、②企業規模を大きく

するのではなく、子会社や関連会社をつくり、それらをできるだけ自立的な経営単位にする、③組織階層をできるだけ少なくするとともに、職場の運営にあたっては、それぞれの構成メンバーの能力が目標達成にむけて十分発揮されるようにする、などを行なう必要がある。

3 力強い企業文化をつくるために！

(1) 職能部門の文化

それぞれの企業が全社的にもっている文化について述べてきたが、同じ企業内部にもちがった文化がつくられていることに注意しなければならない。企業が規模を大きくする過程では、どうしても組織の構造をつくることが必要になる。

製品やサービスをつくる生産部門、それを販売する営業部門、製品やサービスの開発を担当する研究開発部門、企業内外の各種の情報を処理する情報システム部門、人的資源の調達・活用・管理をとり扱う人事部門、資本の調達・活用・管理を担当する財務部門などが、主な職能部門である。

トップの経営者のもとに、これらの部門が位置し、それぞれの担当業務をこなしている。経営者は全社的な企業文化の形成に大きくかかわっているが、それぞれの職能部門も独自に業務を行なうなかで、独特の職能部門の文化（**職能文化**）をつくりだしている。

たとえば、ものづくりを行なう**生産部門**では、"能率的に生産する"、"納入業者の指定した納期には絶対に間に合わせる"、"事故を起こさないように安全に注意する" などの文化がつくられる。それは働く人びとにとって、比較的きびしさを感じさせるが、そのような文化をつくることで、工場の円滑な運営と安全がはかれる。

他方、**研究開発部門**は、将来のビジネスを左右する "シーズ"（種子）を発見できる文化をつくらなければならない。短期的よりも長期的な観点で成果を得るとか、研究テーマにむけて働く人びとの創造性を発揮させることが重要となる。アイデアをつくるために、大学や学会などに出席することも大切であり、生産部門とちがって、かなり自由な雰囲気をつくることが必要となる。

そして、マーケティングや**営業の部門**は、消費者や顧客と直接接して自社の製品やサービスを販売している。この部門では顧客を新たにさがしたり、これまでの消費者の信用をさらに高めることがもとめられるために、交渉したり、説得することが重要となる。そこでは、口頭による「**コミュニケーション能力**」が必要となる。そして、明るく、しかもしんぼう強く相手に接していかなければ、この仕事を行なうことはで

きない。

このようにみてくると、それぞれの職能部門は担当する仕事の性格やおかれている環境のちがいから、異なる文化をもっている。そして、この文化のちがいは、企業内に発生する各種の問題への対応においても、意見のちがいをもたらし、場合によっては対立さえ生みだすことになる。そこで、上位にいる経営者は、その「**調整**」（コーディネート）にあたらなければならない。

(2) 職能部門内部の文化

そして、同じように、職能部門の内部においても、小さなちがいがみられる。工場の現場で実際に部下を指揮して製品をつくっているマネジャーと、原材料や部品を調達するマネジャー、さらに完成品を検査したり、包装したりするマネジャーとの間には、少しずつであるが、問題に対する考え方や処理の仕方がちがっている。

(3) 多角化企業やグローバル企業の文化

さらにいえば、各種の事業部門をかかえている、いわゆる**多角化企業**やグローバル企業の場合にも、事業部門が国・地域別に異なった文化がつくられている。

たとえば、食品メーカーが、薬品などの他の事業分野（第6章の3.でも述べた「**ドメイン**」ともいう）に進出するとすれば、異なった文化をもつことであろう。薬品であれば、もとめられる科学技術のレベルは、食品よりも高くなることが予想される。そして、薬品の研究開発においては、食品よりも投資額が多いだけでなく、開発に要する時間も長いであろう。

また、多国籍に活動を展開するグローバル企業の場合には進出したそれぞれの現地国の文化の影響をうけることになる。

(4) 経営者による文化「統合」の重要性

このようにみてくると、文化の対立は同一企業やそのグループ内部でも生じる。それは、企業全体から見ると、まとまりがない「**分裂状態**」であり、経営者の考えが支配している小規模な企業（**スモール・ビジネス**）とちがって、複雑化した大規模企業の組織では、この分裂状態はつねに発生していると考える必要がある。

そこで、重要となるのが、対立を解消するための経営者による力強い統合への努力である。このような状態をコーディネートして、ある方向に企業の全体的活動をまとめあげ、導いていくことが必要である。これは「**統合力**」であり、それはまさに経営者の仕事なのであって、経営者は統合にむけた努力と責任を遂行しなければならない。

NOTE

⟨Chapter 14⟩ やってみよう（*Let's challenge*）

(1) 本章の講義を聴いてあなたが学習したことを記してみよう。

(2) 以上の内容を5行以内で要約してみよう。

(3) 前記の要約のなかで重要なキーワードは何ですか？ 列挙してみよう。

⟨Chapter 14⟩　　　　やってみよう（Let's challenge）

(4) 理解できましたか？　つぎの言葉の意味を記してください。

① 企業文化の定義

② 文化のネットワーク

③ 生産部門と営業部門の文化のちがい

(5) 考えてみよう。企業文化の機能と逆機能を自分なりに整理してみましょう。

(6) 以下は『日本経済新聞』(2017年11月6日)に載った伊藤忠商事の「稼ぐ」という経営理念です。これをみると、同社はどのような企業文化をつくろうとしているかを、記してみよう。

> 精出して、働くこと。働いて、お金を得ること。
> 総合商社において、商人になる者はまるで走るために生まれた駿馬のように、根っから稼ぐことが好きであるのが望ましい。
> よく稼ぐ商人に必要なものは「勘」という説もあり。なぜなら商いは、相手を瞬時に見抜く目にかかっている。その場の趨勢を読むちからにかかっている。
> したがってまずは自分の勘を信じること。いつも本能を研ぎすませ、経験に基づいた読みを大切にすること。
> とにかく一生懸命コツコツと、小さな成功体験を積み重ねた先にある勘は、科学でもうまく説明できない説得力がある。
> 今日はどこで商売しようか。何が売れるだろう。どう工夫しよう。ひたすら力をつくすこと。心を砕くこと。
>
> *
>
> 伊藤忠商事が掲げる商いの三原則『か・け・ふ』。それは「稼ぐ・削る・防ぐ」を意味しています。
> 稼ぐは商人の本能。削るは商人の基本。防ぐは商人の肝。その3つが支え合って成立するものです。

　読んでみて、どのようなことを感じましたか。また、「削る」、「防ぐ」の意味も調べてみて下さい。

〈Chapter 14〉　　　　やってみよう（Let's challenge）

(7) (　　　　　　　　　　　　　　　　　　　　　　　　　　　)について調べてみよう。

グロッサリー
（用語解説）

Chapter 1

リターン（return）
　もともとは、いろいろな訳がある。帰る、返すこと、戻ってくること、などが主な意味であるが、ビジネスの世界では「利益、売上高、収入」などの企業の活動成果を意味している。製品やサービスを販売すると、その見返りとして利益などの「報酬」が生じることになる。

ビジネス（business）
　語源としては「busy（忙しい）＋ness（状態・性質）」からきており、忙しい状態にするもの、あるいは忙しい状態のものとしてビジネス（企業、事業、商売、職業など）が派生してきた。

モノ離れ
　企業組織は生活者のニーズ（欲求・必要）に対応できなければ存続できない。生活者の暮らしが貧しいときには、食べ物、着る物、住む場所などモノを中心にした最低限のニーズが重視されるが、社会が成熟して、モノの充足が進み、生活者の暮らしが豊かになると、モノよりサービスのような目に見えないニーズが重視されるようになってくる。

CSR（Corporate Social Responsibility, 企業の社会的責任）
　企業は利潤追求をする組織体（営利法人）だが、市民社会の一員（企業市民）なので、自己の利益だけをもとめて社会的ルールや公共の利益を無視したり、反社会的行動をしてもよいというわけではない。とくに巨大企業は各方面に及ぼす影響の範囲が大きいだけに、株主、従業員、顧客、取引先、債権者、債務者、地域社会、競争会社、国家や地方自治体など、さまざまな利害関係集団（ステークホルダー）の権利や立場を尊重し、責任ある意思決定と行動すること、情報公開をしていくことが強くもとめられる。

社会起業家
　社会で発生している問題は多く、行政や企業の力だけでは解決できない状態になっている。このような問題をビジネスや経営の考え方によって解決しようとする人びと、すなわち社会起業家が登場している。NPO（非営利組織）のなかにも社会起業家といわれる人がいる。

ベンチャー人材
　ビジネス・チャンスをみつけ、リスク（危険）に配慮しつつ企業をたちあげていく人びとのことである。ベンチャーには、冒険（的な事業）の意味があるが、リスクのあることを意識しながら事業をおこす起業家精神がベンチャー人材には必要である。

農山漁村地域の衰退
　日本では大都市も困難かつ複雑な問題をかかえているが、農山漁村地域という「地方の衰退」が進んでいる。具体的には、少子高齢化、人口流出・過疎化が進み、空き家・耕作放棄地が増加し、集落の維持が困難になる、などである。このようななかで地域の再生を意図した「地域経営学」を構築する動きもある。

Chapter 2

小さな政府
　政府の経済活動への介入をできるだけ控え、政府の役割を小さくしたほうが経済発展や国民生活の向上にもよい、という考え方。日本でも一連の規制緩和、民営化など市場経済重視策として展開されている。もっとも、「大きい政府」が必要だという主張もある。

バーチャル・コーポレーション
　情報ネットワークを媒体にして構築されるWeb上の仮想（バーチャルな）企業体（コーポレーション）のこと。「仮想」と言っても、ビジネスの実体は存在する。

格差問題
　ひとむかし前まで日本人の間では「総中流意識」が支配的であったが、バブル経済崩壊後に、富の分配に大きな格差が生まれ、少数の「勝ち組」とは別に、他方において、非正規社員のほかに、失業者、廃業者、ワーキングプア、ホームレス、ネットカフェ難民など多数の「負け組」が生まれて格差が拡大し、社会問題化している。

人間尊重型経営

今日の成熟した社会では、物質的な豊かさの追求のみを価値観にすえた会社中心主義ではなく、第1章でも述べたが、それを是正し、働く人びとに配慮した経営が必要である。これからの企業は、第13章でも述べた働く人びとの職業生活・家庭生活・社会生活・自分生活という4つの生活（4L）の充実を保証するなかで、発展の道をもとめる必要がある。

環境保全型経営

企業の生産力が大きくなるにともない、それが地球環境保護の面で予期せざるマイナスをもたらすことが多く発生した。その結果、公害防止、資源保護、自然保護、地球環境総体の保護をして、限りある地球（資源）との共存を図る「持続可能な発展」が重要となり、環境保全を企業経営システムの不可欠な一環として組み込む具体的努力が企業に要請されている。

グローバル企業

企業の活動が国際化していくなかで「多国籍企業」（Multinational Corporation, MNC）が生まれるが、それが高度に発展すると、企業は世界をひとつの市場としてとらえ、世界的規模で統一的・戦略的に事業配置を行なうようになる。このように、一国レベル、地域レベルを超えた全地球的な統一的戦略展開をするようになった企業を「グローバル企業」という。

グローバル・スタンダード

世界的規模で通用している基準・規格のことで世界標準とも言う。国際標準化機構（ISO）の定める基準とは別に、市場に受けいれられて標準化した基準もある。

Chapter 3

集団主義

集団の論理に個人を同化させる意識や行動のことで、日本人の特性とされ、高度経済成長の時代に「会社主義」、「会社人間」という姿をとった。近年では個人生活を重視する意識と行動も増加しつつあり、その姿を変えつつある。

自己啓発（self development）

自分で自分の成長・発達のための知識や能力を増やす努力をすること。自由と自己責任が厳しく問われる時代になり、自己啓発が重視されるようになった。

専門的な職業能力（エンプロイアビリティ）

雇用されるだけの能力をもつこと、または転職できる能力をもつこと。大卒が就職後3年間に3割辞める労働移動の時代では、企業はできるだけ能力ある「即戦力型人材」を求めるし、またひとたび就職した後でもなんらかの職業的な能力を修得していないと転職もできない。

日本型経営（Japanese Management）

長い間、終身雇用・年功序列・企業別組合に代表される会社主義的な制度のあり方が「日本的」特徴とされてきたが、近年ではその姿を大きく変えてきた。

おみこし型経営

夏祭りの「おみこし」は、みんなで同じハッピを着て、ワッショイワッショイと同じ掛け声で町内を練りあるくが、それになぞらえて日本的経営は、しばしば画一的な横並び主義で、集団主義的に運営し、責任や権限の所在が曖昧であると特徴づけている。

社内公募制

社内の人材を移動・配置するさいに、人事部長が上から専制的に行なうこともできるが、本人の自発性・自律性を尊重して本人の意思を媒介するほうがモチベーションは高まるので、新規プロジェクトの立ちあげ、などの場合には、この方法が用いられる。

カフェテリアプラン

カフェテリアとは、「学生食堂」にもあるが、好きな料理を好きなだけ選んでお皿に載せ、会計をすませてテーブルに運ぶセルフ方式。同様に企業の福利厚生についても、「定食」のように従業員に画一的に提供するのでなく、ライフスタイルの多様性に合わせて、各人のニーズに応じて取捨選択させる方式のこと。

雇用の流動化

人材の流動化ともいうが、定年を待たずに、退職・転職したり、他方で中途採用したり、特定企業に労働力が長期に固定することなく、たえず移動すること。解雇・出向などの側面もあるが、みずから起業したりする、「スピンアウト」（企業からの退出）の側面もある。

グロッサリー（用語解説）

裁量労働制
「みなし労働時間制」ともいう。工場労働者と異なり、企画・立案・調査などプログラム化されない仕事に従事する人（いわゆる高度プロフェッショナル人材（高プロ人材））の労働時間は測定が難しいので、実際に働いた時間に関わらず一定の時間の労働をしたとみなす制度。

フラット型組織
フラットとは「平べったい」という意味だが、コンピューター・ネットワークに媒介されて情報の共有化が進展すると、中間管理職の役割も変わり、組織全体も従来のような垂直的ピラミッド構造でなくて、機能するようになる。そのようなICT化のもとでの組織の動向を特徴づけた表現であり、「ナベブタ型組織」ともいう（第7章の本文なども参照）。

ネットワーク型組織
ICT化が進展し、コンピューターを媒介にした情報ネットワークが国際的な規模で拡大すると、組織メンバーの情報共有も進展し、組織全体のあり方も大きく水平的フラット型のもの、民主主義的な形態のものに変わるが、そのような組織の動向を特徴づけた表現である。第7章も参照されたい。

キャリア開発
キャリアとは、自分の「職業人生」のことを意味するが、いかなる道を選ぶのか、そのための能力をいかに修得するか、などの諸活動をキャリア開発と呼ぶ。労働移動の時代になり、自己責任によるキャリア開発が求められている。

集団主義的な長期ストック型雇用
いわゆる終身雇用・年功序列の慣行が典型例であるが、ひとまず採用すると、長期の雇用を前提にして人材をストックし（ため込み）、画一的・集団主義的に人材マネジメントをすること。

個人主義的な短期フロー型雇用
雇用の流動化のなかで、短期の労働移動（フロー）を前提に、個々人の多様性・自律性を重視して柔軟かつ個人主義的に人材マネジメントをすること。

Chapter 4

株主主権
株式会社では、出資者である株主全体で構成される株主総会が最高の意思決定機関となり、その場で株主の代理人（エージェントともいう）として取締役を選任し、取締役会が経営の方針、戦略をきめ、経営者に実行させるとともに、これを監督する、というタテマエになっている。つまり、主権（最終的に決定する権力や企業の統治権）は、株主にあるという。

持株比率
株式会社は、多くの人から資本を集めるのに適している。そのため、不特定多数の人びとが株主として、たやすく出資に参加でき、しかもその取り扱いがしやすい仕組みになっている。ある会社の総株数に対して各株主が何パーセントになるかという割合（持株比率）が、各株主の（会社に対して持つ）諸権利や出資義務負担の割合を決めている。

法人
生物としての人間は「自然人」と呼ばれ、種々の法的権利を有して諸活動を行なうことができるが、それと同様に法律によって権利能力が与えられ、自然人のように活動できる組織体のことを「法人」と呼ぶ。社団法人、財団法人、公益法人、学校法人などに分類される。

経営者支配（management control）
現代の大企業では出資者兼経営者（所有経営者）とは異なった専門経営者（雇用経営者）が企業の経営にあたるという傾向が一般化してきた。彼らは、形式上は株主総会で任命されるが、実態的には逆に、形骸化した株主総会を操り、企業の最高の意思決定だけでなく、後任者の選任・解任についてもみずから事実上決定するようになっている。

利害関係集団（stakeholder）
現代企業に深く利害関係（ステーク）を持ちながら取り巻く関係者として、株主、従業員、顧客、取引先、債権者、債務者、地域社会、競争会社、政府や地方自治体など、多様な存在がある。

コーポレート・ガバナンス（企業統治）
株主主権のタテマエからは企業の統治権（最終的に決定する権力）は株主にあるとされているが、現実には専門経営者の支配のなかで株主の影は薄い。このことから企業統治のあり方がまず株主主権の復権として問題となっている。

しかし、株主が利害関係集団のひとつとして企業外部に位置づけられている今日では、企業統治のあり方をもっと広くとらえて議論すべきだとする考えもある。

少数株主権

株主の議決権は、「一人一票」ではなく、保有株式数に比例しているので、相対的多数を保有する大株主が株主総会の意向を決める。少数株主は、株主総会に参加する権利はあっても議決で負けるので、少数株主たちが集まり、株主総会に影響を与える運動が起きている。その結果、株主総会招集権、役員解任提起、議題提案権、会計帳簿閲覧請求権、などが認められるようになっている。

労働者の経営参加

労働者や労働組合が経営の意思決定に参加することを意味し、具体的には団体交渉・労使協議制・労働者重役制・利潤分配制度などの方式がある。ドイツでは1920年以降、法制化されている。この制度は「産業民主主義」の考えに根ざすという側面もあるが、労働者を意思決定の過程に参加させることで、モチベーションを向上させるという側面もある。

Chapter 5

「利益追求の学」としての経営学からの解放

ドイツでは、経営学が誕生する時期に、利益を追求する悪いイメージの企業を研究対象にすると、それは、「利益追求の学」になるとして、異なる対象を研究する動きがあった。そして、製品やサービスを合理的につくる組織または場としての「経営」を研究の対象にすべきとの主張が支配し、「利益追求の学」からの解放がめざされた。

大学における経営教育

大学などの高等教育機関における経営教育は、アメリカやドイツでは、19世紀末から20世紀初頭に成立して発展してきた。日本は少し遅れるが、大正期（1912〜1926年）には大きな発展がみられ、第二次大戦後の経済の高度成長期（1960年〜）に飛躍的な進展が行なわれている。

専門的な職業としての経営

社会にはきわめて多種の職業があるが、このなかで専門的な職業（プロフェッショナル、プロ）といわれるものは、社会的な評価が高い。もっとも、専門的な職業となるためには、①その職業に関する科学が存在している、②その科学を教える高等教育機関が発展している、③その職業に関する倫理が作成され、遵守されている、などが必要である。

CI（コーポレート・アイデンティティ）

アイデンティティとは、自分自身とか、自分の存在をはっきり示すことを意味している。コーポレートは、会社のことであるから、CIは会社の自分自身を明確に示すことをさしている。少数の製品やサービスをとり扱っている小企業の場合には、アイデンティティははっきりしているが、多様な製品をとり扱っている多角化企業の場合などには、アイデンティティがわかりづらい。

Chapter 6

システム（system）としての企業

企業が活動を行なうためには、いろいろな経営資源が必要であり、これらの資源からなる"組織"が不可欠である。この組織はシステムともいわれる。企業に投入（インプット）されたこれらの資源は、経営（者）によってうまく結びつき、相互に関係をもち、調整されることで、製品・サービスとして産出（アウトプット）される。つまり、システムには、このような「相互関係性」があり、これによって製品・サービスの産出という企業の目標が達成される。このように企業には「目標」を達成しようと活動が展開されている。

もっとも、資源がうまく調達できないと、「アウトプット」はむずかしくなる。また、産出できたとしても市場・消費者にうけいれられないと、企業には「リターン」（グロッサリーの第1章参照）が入らなくなり、企業は維持・存続できなくなる。したがって、企業というシステムは維持・存続するために、環境とその変化にたえず注意を払い、生き抜くための対策を模索・実施しなければならない。

人的資源（ヒューマン・リソース、human resource）

経営資源のうちでいわゆるヒトといわれる部分。近年では、かつてのように経済的報酬と高圧的な監督で働かせるのではなく、創造性・積

グロッサリー（用語解説）

極性・自律性を重視した方法や技法で、ヒトを経営資源として有効に利用しようとする人的資源管理（ヒューマン・リソース・マネジメント、人材マネジメント、HRM）が注目されるようになった。

物的資源
経営資源のうちで、原材料、仕掛品、生産設備、機械、工場建物など、のいわゆる「モノ」といわれるものである。

無形の経営資源
企業の保有する経営資源には、土地・本社ビル・従業員・機械設備などの目に見える（可視的な）有形の資産もあるが、ノウハウ・ブランド・組織文化・組織風土のような「目には見えない無形の資産」もある。

テクノストラクチュア
大企業において高度な知識力をもつことで企業支配力の源泉としようとする専門家集団のことで、彼らが実質的に企業を支配していると言う。経済学者ガルブレイスの主張である。

経営戦略
企業が、経営資源の集合体とすれば、これを企業環境との間でどのように最適関係にもっていき、企業の目的を達成するかが重要となる。環境分析にもとづき、自社で利用できる資源をどの事業領域（ドメイン）に重点的に投下するか、資源をどのように獲得し・蓄積し・活用するかについて基本的かつ長期的な観点から行なう意思決定が経営戦略である。

アンソフ（H. I. Ansoff, 1918-2002）
経営戦略論の代表的な開拓者であり、多角化戦略を重視した主張を展開した。彼の1965年の『企業戦略論』以来、経営学のなかでの経営戦略論の位置が高まり、多くの成果が生みだされてきた。

ドメイン
企業が事業活動を行なうさいの展開領域のことであり、いわゆる本業というべき事業の範囲・領域のこと。自社のドメインが明確に設定されていないと、経営者は判断・意思決定もできず、効果的な資源配分もできない。最高経営層の重要な仕事は、ドメインの決定である。

Chapter 7

テイラー（F. W. Taylor, 1856-1915）
科学的管理の提唱によって「経営学の父」とよばれ、マネジメント・コンサルタントとしての経験にもとづき、1903年に『工場管理』、1911年に『科学的原理の諸原則』を著した。彼は、労働者に課せられた作業（「タスク」という）を能率的に遂行するには、動作研究と時間研究により、もっとも生産性のあがる作業量を確定することが重要であると考えた。また、労働者を動機づけるために、能力給ともいうべき「差別出来高賃金制度」を提唱した。

ライン職能（line function）
ライン職能とは、企業目標となる製品やサービスを直接つくるのにかかわる調達（ひとの雇用、ものの購買、お金の調達（財務））、生産（製造、加工、組み立て）、販売（営業、販売契約）などの職務や職能担当者を意味する。つまり、ラインとは、経営における執行業務や基幹業務の担当者を意味し、部下に対する命令・指揮権を持っている。

スタッフ職能（staff function）
スタッフ職能とは、ライン職能のサポートを行なう担当者であり、ライン職能に対して命令・指揮権を持たず、専門的立場から助言・協議の機能を果すものと考えられている。

集権化と分権化
意思決定や情報の発信を組織の上層部で行なうのが集権化で、下の方で行なわれるのが分権化である。実際には、両者のバランスをとることが大切である。

Chapter 8

意思決定におけるグレシャムの法則
グレシャムの法則とは、もともと「悪貨は良貨を駆逐する」というものだが、それにたとえて「悪い意思決定は良い意思決定を駆逐する」と言う。具体的には、ルーチン的なプログラム化された意思決定に追われていると、重要でプログラム化できない意思決定は先送りされる傾向があることを示している。

バーナード（C. I. Barnard, 1886-1961）
近代組織論の創始者、アメリカの実業家、

1938年刊行の主著『経営者の役割』において、従来の組織論とは異なる新しい組織概念を提起し、組織均衡論、権威受容説などの重要な理論を展開した。その学問的な影響は経営学・行政学など幅広く、またアメリカ国内にとどまらず世界的である。その理論体系は、近代経営学の骨格をなす「グランドセオリー」であり、経済学におけるケインズに匹敵するとされる。

サイモン（H. A. Simon, 1916-2001）

バーナード理論をふまえ、組織における意思決定プロセスを解明して組織論の発展に多大な貢献をしたアメリカの経営学者。主著『経営行動』でノーベル賞を受賞した。その学問的な影響は、経営学のみならず、経済学・行政学と領域は幅広く、また国際的である。

人間観

従業員・顧客など企業経営のさいに関係する人間をどのように把握するか、により経営者の対応は変わってくる。たとえば、従業員が、自律した自己実現人（第13章の「自己実現人モデル」も参照）であると見るならば、彼らの自主性に任せた経営をすればよいが、他方、成熟度の低い他律人と見ると、厳密で細部に及ぶ指揮・指図・管理・監督が不可欠になる。このように「人間観」の差異は企業経営のあり方の差異につながっている。

MIS (Management Information System)

「マネジメント情報（インフォメーション）システム」の略称。コンピュータを利用した情報技術の発展を基礎にして展開される経営管理の全体的システム。ふつう「ミス」という。

DSS (Decision Support System)

「意思決定支援（デシジョン・サポート）システム」の略称である。大企業の場合に経営者が意思決定をするには膨大な情報を前提にせざるを得ないが、そのさいにコンピュータによる情報処理で得られたデータを基礎にして敏速・効率的に経営者の意思決定支援するシステムのこと。

ICTのインパクト

コンピュータ能力の高度化により、低価格の個人の携帯コンピュータでも通信容量が大量化し、さらに高速化が進んでいる。これにより、企業、行政機関、大学、家庭へのパソコンの普及化が進行している。そして、企業、役所、大学などと個人での取引や通信が可能となり、各機関からの企業や個人への新しい情報サービスの提供が可能となっている。このことが、個人の生活スタイル、企業の内部システム、役所、大学などの各機関の内部システム、さらに産業構造に大きな変化をもたらしてきた。

有効性と能率

有効性（効果性）は"effectiveness"、そして能率（効率性）は"efficiency"である。両者は近似した言葉に見えるが、経営学ではちがった意味をもっている。有効性は企業目標の達成度、能率は企業の主要な参加者としての従業員の動機満足を意味している。このふたつが満たされるときに、「システムとしての企業」（グロッサリーの第6章参照）は維持・存続できることになる。したがって、企業目標が達成できても、従業員の動機が満足しなければ、企業は生き残ることができない。反対に、従業員の動機が満足していても、企業目標が達成できないと、企業は生き残れない。

もっとも、ドラッカーの主張はちがっており、有効性は"正しいことを行う"（doing the right things）といい、環境変化に対応できる企業目標をつくり、それを達成することである。これに対して，能率は、"ものごとを正しく行なう"（doing the things rightly）であり、「生産性」の意味である。したがって製品・サービスをいくら能率的につくり、低コストにしても、消費者に満足を与えなかったり、他社の開発商品に機能面で劣るようでは企業目標は達成できず、有効ではないという。

バーチャル・ショッピング

インターネットのユーザーを対象に、インターネット上に仮想の商店ないし商店街（バーチャル・モール）を開設し、各種商品の通信販売、不動産売買、チケット販売、さらに各種のサービスが提供されている。個人でも、世界中に情報を発信できるので、世界をマーケットにビジネスができるし、ショッピングもできるようになっている。

グロッサリー（用語解説）

Chapter 9

ブランド

商品の価値には、機能・品質・性能など物理的な製品価値とは別に、顧客の評価や、好意的な態度のようなブランド価値がある。具体的には、その商品のデザイン・商品名・シンボルなど、それを持っていることに誇りを覚える、かっこう良く見られる、など「無形の価値」をもつ商標である。

フルライン政策

たとえば自動車会社が、高級車から軽自動車・トラックに至るまですべての価格帯・車種のクルマを製造・販売するように、プロダクト・ラインつまり製品の構成（ラインナップ）を目一杯に広げて多様な消費者ニーズに応えようとする大手のリーダー企業が採用する経営戦略のこと。

戦略定石

市場における各企業の競争上の地位によって、各企業がとる戦略は異なっている。それを「戦略定石」と呼ぶ。各企業は自分のポジションを守るために、あるいは上位のポジションを奪いとるために、戦略定石にもとづきながら、競争戦略に工夫を凝らす。

囚人のジレンマの理論

共犯の囚人が別々に取り調べを受けているとき、一方の囚人は自白すべきか、黙秘すべきか、仲間の囚人がどうしたのか分からないために決めかねる。このように相手の行動のいかんにより、自分の利益に違いが生じるという条件のなかで、相手の行動が予測できないために自分はどのように行動すべきか判断に苦しむ状況のことで、ゲーム理論の代表モデル。

OEM（オーイーエム）

「相手先ブランドによる製品製造」のことである。競争関係にある、同業他社からその会社のブランドで製品の生産を依頼されること。これによると、競争しながらも他方で提携関係をつくって協調していることがわかる。

ファミリー企業

新製品の規格をめぐって、業界標準となるデファクト・スタンダードの奪い合いが起こる時、同一規格の製品が市場で多数を占めれば、競争に勝てる。そのために、同一規格をとる企業を「ファミリー」企業と呼び、自陣営への取り込みの競争が行なわれる。ファミリー企業については、もともとは同族企業、親族企業、家族中心の企業の意味がある。

タイムベース競争

時間は、企業間競争の勝敗を決する重要な要因のひとつである。ビジネス（の業務）活動をスピーディに短時間に行なう競争、先行有利の競争をタイムベース競争という。新製品が販売されると、すぐに購入するような「リード・ユーザー」の製品評価をもとに、製品のネットワーク外部性を生かしながら、累積生産量を積み上げ、製品を改良する戦略が展開される。

コ・ペティション（Co-petition）

コンペティション（Competition）とは企業間競争のみならず広く、競争を意味している。これに対して、Co-petition は協力や協働を意味するコオペレーション（Cooperation）と、コン（"Co"）ペティションの "petition" を結びつけた造語であり、競争しながら、協力し合う関係を意味している。

資源ベース論（resource-based view）

企業の強み（「競争優位性」（competitive advantage）ともいう）をつくるのは、企業のもっている固有の経営資源とか、組織能力（ケイパビリティ）であり、他社にまねされないような技術、能力、スキル、ノウハウなどをつくることが大切であるという主張。

Chapter 10

ネット広告

ウェブ（web）上に掲載する広告のこと。情報ネットワーク社会の進展するなかで、きわめて有効な広告媒体として発展を遂げている。

業　態

小売業などで使われる「業態」は、販売方法のちがいを重視したものであり、たとえば、百貨店、専門店、スーパーマーケット、コンビニ（エンスストア）などはその例となる。これに対して、「業種」は、生産や製品を中心にした考え方であり、商品をつけた店舗（酒屋さん、カメラ屋さん、など）をさしている。

グロッサリー（用語解説）

市場調査
企業が新しい製品を開発するさいには、消費者・顧客が何を求めているのか、広く市場（しじょう）についての綿密な調査を行ない、そのデータにもとづき、企画・立案・設計する。どんな製品でも消費者のニーズ（欲求・必要）に応えるものでなければ売れることはない。「マーケット・リサーチ」や「需要予測」ともいう。

営業力
生産された製品は市場において流通し消費者・顧客の手に渡り、貨幣と交換されて始めてメーカーも流通会社もリターンを得られるが、営業力とは、長期的にスムーズにこのリターンを得られる能力のことである。自社のリターンだけを考えた売込み力は短期的には有効であるが、近江商人のように自分も相手も世間も「三方よし」となるような取引を行なうことが営業力をつけるのに役立つ。

コンビニ（エンスストア）
コンビニエンス（便利な）ストア（お店）の略語、多くの学生がほとんど毎日お世話になっている小型スーパーマーケットである。日本では1970年代以降より急成長し、現在に至っている。セブン-イレブンなどフランチャイズ・チェーンで展開される事例が多い。

行動科学
人間の行動を解明することを目的とする科学の総称（心理学、社会学、文化人類学など）であり、経営学においては、働く人びとの行動だけでなく、消費者の行動を分析するため主に使用されている。

物的流通
工場にて生産された製品や部品などを消費者・顧客へと流通させるさいに必要とされる包装・荷役・輸送・保管などの諸活動の全体のことをいう。「物流」や「ロジ」（ロジスティクス）といわれることが多い。

グリーンコンシューマー
エコ（ロジー）商品の開発に関連して、「グリーンコンシューマー」という言葉がある。これは直訳すると、「緑の消費者」であり、環境のことを大切に考え、環境に対する負荷が少ない商品を購入する人びとのことを意味している。これに関連して、CSRを大切にする「エシカル（倫理的）コンシューマー」という消費者像もある。

Chapter 11

トヨタの生産システム
「日本型の生産システム」、「リーン生産システム」などともいわれ、フォードの少品種大量生産システムを克服するものとして世界から評価されてきた。具体的には、Just in Time（JIT）、カンバン方式、自働化、多能工化などの多様な考え方が含まれている。

規模の経済
同じ製品でも、巨大工場にて大量生産すれば、単位当たりの平均製造コストは大きく低下し、結果として市場において有利な立場に立てる。そのように生産規模の大きさのもたらす経済性のことをいう。ただし、競争が激しくライフサイクルの短い製品の場合は、逆に「大きい」ことが制約になる。

アウトソーシング
社内ではなく、社外にある外部資源の調達や活用を意味するが、主に以下の意味がある。まず外部から重要部品を調達する（外注）という意味である。また、会社の業務の一部を外部に委託する（外部委託）という意味でも使用される。委託する業務は、情報システム構築、給与計算、福利厚生、教育研修など、広範で際限はない。

知識の陳腐化
技術の進歩や知識の創造・革新がはげしい時代にあっては、知識の新陳代謝も早い。新しいものが出現することで、これまでの知識が古くなって、使われなくなってしまうことをいう。21世紀を生き抜く人びとは、この問題に対応しなければならない。

ソフト
もともとはソフトウェアで、ハード（ウェア）（コンピュータの機械部分）といわれる商品自体よりもその使い方や具体的な機能のための方法・マニュアルのほうを意味している。

デザインの重要性
製品をつくりだすための基礎としての研究開発は重要であるが、研究開発と生産との間に介在するデザイン（設計）も重要である。いい製

グロッサリー（用語解説）

品を開発しても、消費者にアピールするような具体的なデザインにしていく必要がある。そこで、デザイナーとか、クリエイターなどといわれる人びとの役割が高まっている。製品の成功には品質だけでなくデザイン力が大きい。

AIと仕事
AI（人工知能、artificial intelligence）の発展と企業などへ導入が進んでいる。とくにドイツでは2010年代に入ってAIやIoTなどによって製造業で全自動の無人化工場をつくるという「インダストリー4.0」構想が公表されている。これによって多くの仕事が機械におきかわってしまうという心配が生まれている。技術の進歩による新しい機械の導入は雇用や仕事を奪い、失業者をつくりだすという主張は古くからされてきた。確かに、そのような主張はまちがいではないが、新しい機械は新しい仕事も創出してきたことを忘れてはならない。第1章の3．(3)の本文も参照されたい。

モノづくり
製造業というと、どうしても第二次世界大戦後、日本企業が得意としてきた大工場における工業製品をイメージしてしまう。これに対して、モノづくりといえば、小規模な町工場だけでなく、手づくりを中心とした伝統工芸品の製作、農産物・水産物の加工製品なども、当然のことながら含まれてくる。そして、女性が趣味で行なう手芸や料理も、モノづくりになる。

Chapter 12

キャッシュフロー（cash flow）
キャッシュフローとは、「資金」としての現金の流れのことである。流入をキャッシュ・インフロー（cash inflow）、流出をキャッシュ・アウトフロー（cash outflow）と呼び、両者の差額を「ネット・キャッシュ・フロー」と呼ぶことがある。予算管理や証券評価などの財務分析においては、会計上の「純利益」よりは、キャッシュ・フローの利益計算が現実的であり、将来のキャッシュ・フローの現在価値の2時点（週初と週末）における差額としての企業の利益が定義される。現実には、減価償却引当金などは、短期にはキャッシュ・インフローとして計算される。

財務管理と合併・買収（M&A）
企業買収を行なうときに、相手企業の経営をしっかり吟味しなければならない。売れている製品や成長している事業だけでなく、広く経営の内情を知る必要がある。財務管理でいうと、収益性だけでなく、安全性や成長性などについても検討しなければならない。

資金調達と起業
起業するにあたり、ビジネス化できる製品やサービスがあっても、一緒に仕事をしてくれる人間と、さらに資金の調達が大きな問題である。要するに、お金が集められなくては、起業できない。そこで、資金調達のために具体性のあるいいビジネス・プランをつくり、アピールする必要がある。現在では起業支援の動きも大きくなっており、「クラウド・ファンディング」による資金調達も行なわれるようになっている。

Chapter 13

自己実現人モデル（self actualization model）
自己の能力や資質を最大限に発揮し、自己を成長させたいという欲求を「自己実現欲求」というが、そのような欲求に動機づけられ、意思決定し、行動する人間仮説のことである。これは、現代企業の経営にとって重要な人間モデルである。

ヒューマン・リレーションズ（HRs）
人間が集団のなかにある気分・感情などに大きく制約されて行動することに着目し、組織に貢献できるためによい人間関係を構築すべきと唱えた理論のこと、およびよい人間関係をつくる技法のこと。メイヨー、レスリスバーガーなどの人間関係論者が創始者である。日本には、1950年代半ば以降に、その理論と技法が広く導入・紹介・普及した。

4Lの充実
「職業生活、家庭生活、社会生活、自分生活の4つのライフ（Life）の並立・充実」のことであり、24時間を職業生活のみに捧げる生活とは対極にある。近年の会社主義の崩壊過程において「4Lの充実」に動機づけられ、意思決定し、行動する人間が増加しつつある。

「社会化した自己実現人」モデル
「4Lの充実」に動機づけられて意思決定し、

行動する人間のこと。「ワーク・ライフ・バランス」は、この人材モデルを前提にしている。

職務充実（ジョブ・エンリッチメント）
細分化された機械的な労働の反復は、働く人の勤労意欲を減退させるが、それを避けるために複数の質の異なる職務の割りあて決定に参加させることで職務内容を充実させて、勤労意欲を引き出す方式のこと。

職務拡大（ジョブ・エンラージメント）
職務充実とほぼ同じ概念であり、現実には区別しがたいが、割りあてる職務の量的範囲を単純に拡大して、勤労意欲の減退を防止する方式である。

目標管理（目標による管理、マネジメント・バイ・オブジェクティブ、MBO）
職務上の数値目標などを上司が部下に押しつけ遂行させるのではなくて、部下の自主性・自発性を重視して、本人に目標を立てさせ、その遂行を管理させ、勤労意欲を高めさせる方式である。ドラッカー、マグレガーなどが理論化したもの。

選択定年制
各人のライフプランの差異により定年後の生き方は多様であるから、定年を画一的に適用せず、本人の希望・選択に応じる制度である。通常、前倒しで早期退職すると退職金が上積みされるメリットがある。もっとも、企業側からみると、人員調整の意味もある。

CDP（キャリア・ディベロップメント・プログラム）
従業員が企業内でどんな仕事をして生きていくか、それをできるだけ個人の職業意識・自己啓発さらに人生観などを尊重しつつ決める制度であり、それらを通じて個人からの貢献を確保するものである。今日では個人の自立性が前提になり、「自由と自己責任」が厳しく問われている。

Chapter 14

個尊重の企業文化
個人の自律性・自発性を重視したマネジメントを展開する企業のことである。典型的にはベンチャー型の研究開発型企業など、個人の自由な発想・アイディア・企画力などが不可欠な前提になる企業では、とくにそのような文化をもつ事例が多い。しかし、他の業種の企業でも多くなっている。

セクショナリズム
部門、課、係などがそれぞれ担当している守備範囲を達成していくことだけを大切にするようになると、それらの間に高い壁ができてしまい、セクションどうしの関係もうまくいかなくなってしまうこと。行政組織の場合、それぞれのセクションが守備範囲以上のことを行なわないことがあったために、利用者が"たらいまわし"（順々にまわすこと）され、なかなかサービスを受けられないことが発生していた。

成果主義
人事評価の主な基準を、勤続年数とか年齢あるいは潜在的な能力ではなく、仕事の目標の実現度、具体的な達成のレベルで行なうという考え方である。わが国の1990年代には短期的な個人的な成果の達成だけが重視されたために、職場における人間関係が悪化する、など弊害がでて、あまりうまくいかなかった。

率先垂範
「率先」とは、人びとの先に立って物事を行なうことであり、「垂範」は模範になること、範を垂れることを意味している。つまり、上司は、みずから最初に仕事を行なって、部下にそれをみせ、モデルを示すべきという。上司の多くは、部下に仕事をしてもらい、自分はやらないものであるが、みずから「やってみせる」ことも大切である。

大企業病
企業が自己経営能力の限界を超えて規模的に巨大化し、その結果、本来の組織運営が硬直化し、個人のモチベーションが低下し、不健康な組織体になること。自分の生理的機能の限界を超えて肥満になると、循環器系が故障して全身疾患の原因になることにたとえた。

グローバル企業の文化
多国籍化したグローバル企業は本社のある国の文化や本社の方針も大切であるが、進出したそれぞれの現地の文化を尊重しなければならない。そして、両者の調整は重要な経営問題である。

さらに深く学ぶために

　以下では、さらに深く経営学を学ぶための手がかりとなる本をあげます。いずれも2010年前後に発行された新しい本の中から、入手しやすく、値段も手頃なものをあげています。比較的やさしく書かれているもの（レベルA）、やや高度なもの（レベルB）という2種類に分類しています。自分のレベルや相性にピッタリ合う感じのするものを選んでください。

レベルA （著者50音順）

1. 井原久光『テキスト経営学（第3版）』ミネルヴァ書房、2008年
2. 加護野忠男・吉村典久『1からの経営学（第2版）』碩学舎、2012年
3. 片岡信之・齊藤毅憲・佐々木恒男・高橋由明・渡辺峻『はじめて学ぶ人のための経営学（第3版）』文眞堂、2016年
4. 齊藤毅憲『経営学を楽しく学ぶ（第3版）』中央経済社、2013年
5. 高橋伸夫『コア・テキスト　経営学入門』新世社、2007年
6. 三戸浩・池内秀己・勝部伸夫『ひとりで学べる経営学』文眞堂、2006年
7. 守屋貴司・近藤宏一・小沢道紀『はじめの一歩経営学（第2版）』ミネルヴァ書房、2012年
8. 齊藤毅憲・渡辺峻編著『個人の自立と成長のための経営学入門』文眞堂、2016年
9. 齊藤毅憲・渡辺峻編著『自分で企業をつくり、育てるための経営学入門』文眞堂、2017年
10. 齊藤毅憲・渡辺峻編著『農山漁村地域で働き生きるための経営学入門』文眞堂、2018年

レベルB （著者50音順）

1. 伊丹敬之・加護野忠男『ゼミナール　経営学入門（第3版）』日本経済新聞社、2003年
2. 上林憲雄・奥林康司・團泰雄・開本浩矢・森田雅也『経験から学ぶ経営学入門』有斐閣、2007年
3. 金原達夫『やさしい経営学（第4版）』文眞堂、2013年
4. 小松章『基礎コース経営学（第2版）』新世社、2006年
5. 佐護譽・渡辺峻『経営学総論』文眞堂、2004年
6. 総合基礎経営学委員会『ベイシック経営学Q&A（第3版）』ミネルヴァ書房、2007年
7. 高橋由明『基礎と応用で学ぶ経営学』文眞堂、2006年
8. 百田義治（編著）『経営学基礎』中央経済社、2006年
9. Joseph Boyett, Jimmie Boyett（金井寿宏・大川修二訳）『経営革命大全―世界をリードする79人のビジネス思想』日本経済新聞社、2002年
10. 深山明・海道ノブチカ（編著）『経営学の基礎（改訂版）』同文舘出版、2006年
11. 片岡信之・齊藤毅憲・佐々木恒男・高橋由明・渡辺峻（編著）『アドバンスト経営学』中央経済社、2010年

辞典 （著者50音順）

1. 岡本康雄（編著）『現代経営学辞典（三訂版）』同文舘出版、2002年
2. 片岡信之・齊藤毅憲・佐々木恒男・高橋由明・渡辺峻（編著）『ベーシック経営学辞典』中央経済社、2004年
3. 経営学史学会（編集）『経営学史事典（第2版）』文眞堂、2012年
4. 佐久間信夫（編集）『現代経営用語の基礎知識（増補版）』学文社、2005年
5. 野村総合研究所『経営用語の基礎知識（第3版）』ダイヤモンド社、2008年
6. 二神恭一（編集）『ビジネス・経営学辞典（新版）』中央経済社、2006年
7. 吉田和夫・大橋昭一（編集）『基本経営学用語辞典（四訂版）』同文舘出版、2006年

●本文中で理解しにくい用語は、これらの辞典で確認してください。

索　引

欧文略語

AI　7, 111, 155
CDP　132, 156
CI　49, 138, 150
CM　98
CS　48
CSR　7, 8, 39, 47, 102, 122, 147
DSS　16, 80, 152
ES　47
GE　107
HRM　59
HRs　130, 155
ICT　5, 16, 70, 152
M&A　36, 57, 155
MBO　156
MIS　16, 80, 152
NPO　5, 48
OA　16
OEM　18, 88, 153
PL　102
PLC　88, 99
PPM　60
PRs　39
QC　107
R&D　108
ROE　36
ROI　36, 46
SIS　16
SRI　40

あ

ICT化　70
ICTの時代　80
相手先ブランドによる製造　18, 88, 153
アウトソーシング　16, 112, 154
アウトプット　55
安全性　122
アンソニー（R. N. Anthony）　78
アンソフ（H. I. Ansoff）　60, 151
委員会設置会社　38
育児介護休業制度　132
意思決定　75, 76, 77, 78, 79
意思決定支援システム　16, 80, 152
意思決定におけるグレシャムの法則　151
意思決定の科学　78
意思決定の過程　76
一般株主　36
イノベーション　5, 108
インターネット・コミュニケーション　80
インターネット・ビジネス　80
インターフェイス　97
インプット　55
売上総利益　47
売上高　46
売上高経常利益率　122
売り損じ　90
営業部門　141
営業利益　47
営業力　154
英雄　139
エコ（ロジー）商品　102
エジソン（T. A. Edison）　107
円高不況　14
エンプロイアビリティ　23, 148
エンプロイー・サティスファクション　47
オープンなネットワーク　109
オフィス・オートメーション　16
オペレーショナル・コントロール　78, 79
おみこし型経営　24, 148

か

海外直接投資　14
買掛金　120
会社機関　38
会社人間　24
会社のカラー　49
会社への滅私奉公　24
開発（ディベロップメント）　108
開発競争　89
開発重視の経営　109
外部金融　119
外部取締役　37
価格設定　100
科学的管理（サイエンティフィック・マネジメント）　107
格差問題　147
拡大投資　121
格づけ　86
カスタマー・サティスファクション　48
価値　139
合併・買収　36, 155
カフェテリアプラン　25, 132, 148
株式の相互持ち合い　38
株式市場　35
株式の発行　120
株主権　36
株主資本利益率　36
株主主権　149
株主総会　36
株主代表訴訟　39
貨幣的資源　58
借入資本　117
ガルブレイス（J. K. Galbraith）　58
環境　48, 50, 138
環境保全型（の）経営　18, 148
環境問題　8, 110
関係的資源　56
監査委員会　38
監査役（会）　37
間接金融　119
カンパニー制　69
機械・設備投資　121
機械的な人間観　76
機関株主　36, 38
起業　155
企業活動　75
企業間取引　112
企業市民　38
企業中心主義　8
企業統治　39, 149
企業内託児所設置　25
企業内分業　66
企業の社会貢献　39

索　引

企業の社会的責任　7, 8, 39, 147
企業文化　56, 137
企業別労働組合　24, 25, 27
企業目標　46
企業力　86
技術　57
技術革新　16, 108
規制緩和　15
帰属感　130
機能の分析　78
忌避宣言権　69
規模の拡大　46
規模の経済　111, 154
逆ピラミッド型組織　70
キャッシュフロー　155
キャピタルゲイン　36
キャリア　28
キャリアアップ支援制度　132
キャリア開発　25, 149
キャリア・ディベロップメント・
　　プログラム　132, 156
QC（品質管理）サークル　107
狭義のガバナンス論　39
競争戦略　85
業態　98, 153
協調戦略　88
巨大株式会社　35
儀礼と儀式　139
近代派　75, 76
勤労意欲　130
グリーンコンシューマー　154
グローカリゼーション　18
グローバル企業　18, 142, 148, 156
グローバル・スタンダード（国際
　　標準）　18, 148
軍隊組織　67
経営家族主義　25
経営管理　65
経営教育　45
経営資源　3, 50, 55, 75, 88, 102, 117,
　　127, 137
経営システム　78
経営者支配　149
経営情報システム　16, 80
経営戦略　50, 59, 102, 151
経営戦略論　57, 60

経営能力　28
経営文化　137
経営理念　48, 49, 50, 139
経営倫理　40
計画　65
経験価値　5
経済人モデル　128
経済大国・日本　24
経済的刺激　128
経済的な欲求・利害　128
経常利益　47
ケネディー（A. A. Kennedy）　138
原価　97
限界投資金額　88
減価償却引当金累計額　120
研究（リサーチ）　108
研究開発　90, 107, 108
研究開発戦略　59
研究開発費　109
研究開発部門　141
研究スタッフ　109
権限　69
行為　77, 130
公開株式会社　35
広義のガバナンス論　40
攻撃戦略　87
貢献　6, 127
広告活動　98
構造化された意思決定　79
構造化されていない意思決定　79
構想と実行　130, 131
構造の分析　78
行動科学　99, 128, 154
高度経済成長　24
公認会計士　26
小売業者　98
綱領　49
コーディネート　142
コーポレート・アイデンティティ
　　49, 138, 150
コーポレート・ガバナンス（企業
　　統治）　37, 39, 40, 149
ゴーリー（G. A. Gorry）　79
顧客満足　48, 99
国際的大競争時代　15
国際標準経営　18

個人主義的で柔軟な短期雇用　23
個人主義的な短期フロー型雇用
　　149
コスト　80, 90, 97, 100
コスト・リーダーシップ　86
個尊重の企業文化　139, 156
固定比率　122
コ・ペティション　153
コミュニケーション能力　28, 141
雇用管理の複線化　26
雇用の流動化　148
雇用リストラ　8
コンビニ（エンスストア）　98, 154
コンピュータ資本主義　16
コンピュータ・ネットワーク　70

さ

サービス開発　108
サービス業　5
サービス残業　27
サイエンティフィック・マネジメ
　　ント　107
再検討活動　76
最高経営責任者　37
再雇用制度　25
在宅勤務　25, 27, 132
最適シェア維持戦略　87
財務管理　117, 155
財務上の安全性　46
サイモン（H. A. Simon）　75, 152
裁量労働制　25, 27, 149
逆手戦略　87
作業環境　112
差別化　85
サンクコスト　88
ジェネラル・エレクトリック（GE）
　　107
シーズ　5, 108
時間　56
時間短縮競争　90
指揮（命令）　65
事業　4
事業継続計画　102
事業部制組織　69
資金　117
資金ぐり　119

資金調達　155
資金(の)運用(活用)　117, 121
資源ベース論　153
自己金融　119
自己経営能力　27
自己啓発　7, 23, 24, 130, 148
自己実現人　129, 131
自己実現人モデル　128, 155
自己実現欲求　17, 129, 130
自己資本　117, 120
自己資本経常利益率　122
仕事　65
市場　3
市場原理主義　15
市場生産　110
市場占有率　46
市場調査　75, 99, 154
システム　78, 150
事前の販売活動　98
持続可能な発展　16
失業なき労働移動　27
執行役員制度　37
実施　65, 76, 77, 130
支払手形　120
資本　117
資本調達　117, 119
資本の2重化現象　36
資本利益率　46
指名委員会　38
社員権　36
社会化した自己実現人　25, 132, 155
社会化した人材マネジメント　132
社会起業家　7, 147
社会人モデル　128
社会的公器　38
社会的責任投資　40
社会的な名声　46
社会保険労務士　26
社訓　49
社債の発行　120
社是　49
社内公募制　25, 148
社風　49
収益性　122
重化学工業化　24

従業員の満足　47
集権化　151
集権的な組織　69
囚人のジレンマの理論　87, 153
集団主義　148
集団主義的で画一的な長期雇用　23
集団主義的な長期ストック型雇用　149
自由と自己責任　24
周辺需要拡大戦略　86
準構造的意思決定　79
純資産　117, 118, 119
少数株主権　40, 150
商的取引　101
承認欲求　130
消費者　3, 4, 6, 97
商品開発　99
商品計画(プロダクト・プランニング)　99
少品種の大量生産　111
商品情報　102
情報　56, 58, 75
情報開示　39
情報開示制度　40
情報活動　76
情報システム　78
情報資本主義　16
情報処理能力　28
情報処理の工場　77
情報戦略　59
正味運転資金　121
職業能力　26
職能　65
職能別組織　68
職能部門　6
職能文化　141
職場環境　130
ジョブ・エンラージメント(職務拡大)　131, 156
ジョブ・エンリッチメント(職務充実)　131, 156
所有と経営の分離　13
自立した個人　129, 131
人材　127
人材開発戦略　59

人材流動化(の)時代　23, 28
信条　49
新製品開発投資　121
人的資源　57, 127, 150
人的資源管理　59
人的販売　101
親和欲求　130
垂直的な分化　66
水平型組織　16
水平的な分化　66
スコット・モートン (M. S. Scott Morton)　79
スタッフ職能　151
ステークホルダー　17, 38, 47, 149
ストックホルダー　47
スピンアウト　26
スポット市場　59
スモール・ビジネス　142
成果主義　156
生活　3
生活インフラ　3
生活者のニーズ　4
政策立案能力　28
生産　107
生産職能　110
生産性　3, 111
生産部門　141
政治的能力　27
成熟社会　17
成長期　100
成長欲求　129, 130
制度疲労　16
製品・市場戦略　60
製品別の部門化　69
製品ポートフォリオ・マネジメント　60
製品(プロダクト)のライフサイクル　88, 99
税理士　26
セールス　97
セールス・パーソン　98
石油ショック　14
セキュリティ　102
セクショナリズム　140, 156
設計活動　76
セルフ・セレクション　98

索引

選択活動　76
選択定年制　25, 132, 156
全般的経営層　37
専門化（分業）の原則　67
専門経営者（プロフェッショナル・マネジャー）　13, 36, 46
専門的な職業（プロフェッショナル、プロ）　46, 150
専門的な職業能力　23, 148
戦略定石　86, 87, 153
戦略的計画　78
戦略的情報システム　16
創業の精神　48
総資本回転率　122
総資本経常利益率　122
創造性　4
創造的な企業文化　140
ソーシャル・スキル　28
即戦力型　23
組織開発　59
組織行動論　128
組織文化　137
率先垂範　140, 156
ソフト　154
損益計算書　47, 117, 118

た

大学における経営教育　150
大企業病　140, 156
貸借対照表　117
代表取締役　37
タイムベース（の）競争　89, 153
大量生産　97
多角化企業　142
他人資本　120
多品種の少量生産　111
短期借入金　120
短期資本　120
地位・職位　129
地域限定社員制度　25, 132
地域社会（コミュニティ）　7
地域別の部門化　69
小さな政府　15, 147
知識　58
知識の陳腐化　154
知的財産権　110

チャレンジャー企業　86, 87
中小企業診断士　26
注文（受注）生産　110
長期借入金　120
長期雇用慣行の崩壊　26
長期資本　120
調整（コーディネート）　65, 142
直営店　101
直接金融　119
直系組織　67
賃金・ボーナス　6, 127, 129
Ｔ型フォード　107
ディール（T. E. Deal）　138
低価格戦略　87
ディスクロージャー　39
テイラー（F. W. Taylor）　151
デービス（S. M. Davis）　137
テクノストラクチュア　58, 151
デザイン　108, 154
デシジョン・サポート・システム　80
デファクト・スタンダード　88
テレビ・コマーシャル　98
テレワーク　25, 26
伝統派　76
動因　131
投下資本利益率　46
動機　127
動機づけ　6, 129
統合力　142
投資　13, 117
投資収益率　36
同質化戦略　86
統制　65
統制の幅（スパン・オブ・コントロール）　67, 73
導入期　100
東レ　138
都市の過密化　24
トップ・ダウン　67
トップ・マネジメント　36, 66
ドメイン　60, 142, 151
トヨタの生産システム　154
取替投資　121
取締役会　37

な

内発的な欲求　131
内部金融　119
内部留保資金　120
ニーズ　4, 108
日常的な管理　78
ニッチャー企業　86, 87
日本型経営　24, 148
日本的な集団主義　24
人間観　152
人間関係論　128, 155
人間行動学派　128
人間尊重型経営　148
ネット広告　153
ネットワーク外部性　89
ネットワーク型組織　27, 70, 149
年功序列　24
年俸制　27
農山漁村地域　8, 147
農村の過疎化　24
能率　79, 152
能力開発　23, 24, 25

は

バーチャル・コーポレーション　16, 147
バーチャル・ショッピング　152
バーナード（C. I. Barnard）　76, 151
廃棄物　110
派生的な所有権　36
発売競争　89
パブリック・リレーションズ（PRs）　39
バブル経済　14
ハラスメント　8, 18, 112
販売活動　97
販売促進　98, 101
非価格対応戦略　87
ビジネス　4, 147
ビジネス・パーソン　6
ビジネス・モデル　108
ビデオ戦争　88
ヒューマン・リソース・マネジメント　59

索 引

ヒューマン・リレーションズ　130, 155
費用　97
非論理的な要因　128
ファッション　5
ファブレス　112
ファミリー企業　88, 153
ファンクショナル（職能）組織　67
フィランソロピー　39
フィンテック　125
フォード（H. Ford）　107
フォロワー（部下）　127
フォロワー企業　86, 87
プッシュ戦術　101
物的資源　57, 151
物的取引　101
物的流通　101, 154
不動産鑑定士　26
不当労働行為　27
フラット型組織　27, 149
ブランド　85, 153
プル戦術　101
フルライン政策　86, 153
プレイス　101
プレ・セリング　98
ブレーンストーミング　28
フレックスタイム制度　25
プログラム化　77, 131
プロダクト・プランニング　99
プロダクト・ライアビリティ　102
プロフィット・センター　69
文化のネットワーク　139
分権化　151
分権的な組織　69
ベンチャー人材　147
ベンチャービジネス　26
俸給　6, 129
報酬委員会　38
方針や目標の設定　78
法人　36, 149
ボランティア休暇制度　25
ボランティア精神　129
本田宗一郎　107
本来的な所有権　36

ま

マーケット・シェア　46, 86
マーケティング　90, 99
マーケティング・ミックス　102
マーチャンダイジング　99
マイナスの作用（逆機能）　7, 139
マス・プロダクション　97
マネジメント　65
マネジメント・コントロール　78, 79
マネジメントのサイクル　78
マネジメント情報システム　152
マルクス（K. Marx）　45
見込み生産　110
ミドル・マネジメント　66
ミニ・リーダー戦略　87
無形の経営資源　151
命令一元化の原則　67
メガ・コンペティション時代　15
目標　49, 50, 131
目標（による）管理　130, 131, 132, 156
目標志向性　48
持株比率　35, 149
モノづくり　90, 155
モノ離れ　5, 147
模倣戦略　87
モラール　129, 130
問題発見・解決能力　28

や

ヤル気　129, 130
有機的な人間観　77
有限責任　35
有効性　79, 152
誘発因　131
ゆとりのある生活　25
欲求　4, 127
4つの生活　25
4Lの充実　132, 155
4P　101

ら

ライバル企業　88
ライフサイクル　99
ライフスタイルの革新　5
ライン・アンド・スタッフ組織　68
ライン職能　151
ライン（直系）組織　67
リーダー企業　86
リードタイム　89
リード・ユーザー　89
利益　45, 46
利益責任単位制　69
「利益追求の学」としての経営学からの解放　150
利害関係集団　17, 38, 149
リストラ　24
リターン（報酬）　4, 47, 75, 147
リフレッシュ休暇制度　132
流通業者　98
流動資産　121
流動比率　121, 122
累積生産量　90
ルーチン的な意思決定　77
ロアー・マネジメント　66
労働者の経営参加　40, 150
労働の人間化　17
労働力市場の流動化　26

わ

ワーク　6
ワーク・モティベーション　127
ワーク・ライフ・バランス　25, 70

著者紹介
(あいうえお順)

片岡　信之（かたおか　しんし）
　　龍谷大学名誉教授、経済学博士
　　　　Chapter 2、4、6担当

齊藤　毅憲（さいとう　たけのり）
　　横浜市立大学名誉教授、商学博士
　　　　Chapter 1、5、10、11、14担当

佐々木恒男（ささき　つねお）
　　青森公立大学名誉教授、商学博士
　　　　Chapter 9担当

高橋　由明（たかはし　よしあき）
　　中央大学名誉教授、商学博士
　　　　Chapter 7、8、12担当

渡辺　峻（わたなべ　たかし）
　　立命館大学名誉教授、経営学博士
　　　　Chapter 3、13担当

セメスターテキストシリーズ ①
はじめて学ぶ人のための経営学入門［バージョン２］　文眞堂ブックス

2008年4月10日　第1版第1刷発行	検印省略
2018年11月30日　第2版第1刷発行	
2023年9月10日　第2版第4刷発行	

著　者　片　岡　信　之
　　　　齊　藤　毅　憲
　　　　佐　々　木　恒　男
　　　　高　橋　由　明
　　　　渡　辺　　　峻

発行者　前　野　　　隆
　　　　東京都新宿区早稲田鶴巻町533

発行所　株式会社　文　眞　堂
　　　　電話　03（3202）8480
　　　　FAX　03（3203）2638
　　　　URL．http://www.bunshin-do.co.jp
　　　　〒162-0041　振替00120-2-96437

製作・モリモト印刷
© 2018
定価は表紙裏に表示してあります
ISBN978-4-8309-4970-8　C3034